Dr. Oetker

Sweets for Teenies

Dr. Oetker Sweets for Teenies

Dr. Oetker Verlag

Vorwort

Deine beste Freundin hat Geburtstag? Oder du selbst? Ihr trefft euch „einfach so“? Ihr plant einen gemütlichen Beauty-Nachmittag? Oder einen Filmabend mit einem wunderbar kitschigen Liebesfilm?

Gelegenheiten, um süße Torten und Törtchen, Cupcakes oder leckere Desserts zu zaubern und zu genießen, gibt es **SO viele.**

Überrasch deine Freundin mit dem **BFF Birthday Cake** oder die halbe Klasse mit den **Happy Birthday Cake Cubes.**

Hast du Lust, es mal so richtig bunt zu treiben: **Regenbogenkuchen** oder **Swirl Cupcakes** bringen Farbe in dein Leben.

Süße Zuckermäuse, Schoko-Eulen und bunte Blumentöpfe sorgen für erstaunte „Ahs ...“ und „Oh, wie niedlich“. Und wenn du dann noch sagen kannst: „Alles selbst gemacht!“, ist dir Bewunderung sicher.

Trend-Kuchen wie **„Topsy Turvy“** haben wir in teenietaugliche Größe gebracht und so beschrieben, dass du ihn auch dann locker zubereiten kannst, wenn du nicht schon Konditormeister/in bist ;-))

Smartphone-Verrückten machst du mit dem **„Mobil-Cake“** ganz bestimmt eine große Freude.

Als Leckerei beim Beauty-Nachmittag dürfen **„Girls best Friends“** (als Nagellackfläschchen und Mini-Smartphone verkleidete Schokoriegel) keinesfalls fehlen! Oder genießt nach getaner Arbeit den **Fruchtauflauf „Flognarde“** oder **Apple Crunchies.**

Die **Chocolate Boosters** trösten sehr zuverlässig über traurige Stellen in Liebesfilmen hinweg und mit den **Chiffon Cakes** eroberst du die Herzen nicht nur der Mädels. Die schmecken auch den Jungs!

Alle Rezepte wurden ausprobiert und von Teenies für richtig lecker befunden.

Rezept S. 82 ➞

Rezept S. 21→

ENJOY. THE. LITTLE. THINGS!

Swirl Cupcakes

12 Stück

Zubereitungszeit: 45 Minuten, ohne Kühlzeit
Backzeit: 25–30 Minuten

Für den Teig:
3 Eiweiß (Größe M)
1 Prise Salz
100 g Zucker
3 Eigelb (Größe M)
150 g Butter oder Margarine (zimmerwarm)
100 g Zitronenjoghurt (3,5 % Fett)
2 EL Orangensaft
150 g Weizenmehl
80 g Kokosraspel
1 ½ gestr. TL Dr. Oetker Backin

Für das Swirl Topping:
50 g Zitronenjoghurt (3,5 % Fett)
200 g Doppelrahm-Frischkäse
80 g Puderzucker
1 Pck. Sahnesteif
200 g Schlagsahne (mind. 30 % Fett)
jeweils einige Tropfen Speisefarbe (rot, gelb, blau und grün)

Außerdem:
1 Muffinform (für 12 Muffins)
12 Papierbackförmchen

1. Den Backofen vorheizen. **Ober-/Unterhitze: 180 °C. Heißluft: 160 °C.**
2. Für den Teig Eiweiß mit Salz mit einem Mixer (Rührstäbe) auf höchster Stufe steif schlagen. Der Schnee muss so fest sein, dass ein Messerschnitt sichtbar bleibt. Nach und nach 50 g Zucker unterschlagen. So lange schlagen, bis der Eischnee stark glänzt.
3. Eigelb mit Butter oder Margarine und dem restlichen Zucker in einer Rührschüssel mit dem Mixer (Rührstäbe) zunächst kurz auf niedrigster, dann auf höchster Stufe in etwa 3 Minuten schaumig schlagen. Joghurt und Orangensaft kurz unterrühren.
4. Mehl, Kokosraspel und Backpulver mischen und in 2 Portionen auf mittlerer Stufe abwechselnd mit dem Eischnee kurz unterrühren.
5. Den Teig in den Mulden einer Muffinform (für 12 Muffins, mit Papierbackförmchen ausgelegt) verteilen. Die Form auf dem Rost in den vorgeheizten Backofen schieben. Muffins **25–30 Minuten backen.**
6. Die Muffinform auf einen Kuchenrost stellen. Muffins in der Form erkalten lassen, dann aus der Form lösen.
7. Für das Swirl Topping Joghurt in eine Rührschüssel geben, mit Frischkäse und 40 g Puderzucker mit einem Schneebesen glatt rühren. Restlichen Puderzucker mit Sahnesteif mischen. Sahne steif schlagen, dabei die Sahnesteif-Mischung einrieseln lassen. Sahne vorsichtig unter die Joghurt-Frischkäse-Masse heben. Die Creme in 4 kleine Schälchen verteilen. Jeden Teil mit Speisefarbe einfärben.
8. Einen Spritzbeutel mit Lochtülle (etwa 8 mm) auf eine Arbeitsplatte legen. Den unteren Teil des Spritzbeutels mit einer Creme befüllen. Eine weitere Creme vorsichtig daraufgeben. Die anderen Cremes ebenso einfüllen. Cremes vorsichtig in Richtung der Tülle streichen, sodass sich die Farben leicht vermischen. Das Topping in großen Tupfen auf die Muffins spritzen. Bis zum Servieren kühl stellen.

Geburtstags-kerzen

Zubereitungszeit: 30 Minuten, ohne Kühlzeit

z. B. für 14 Kerzen (je nach Geburtstagszahl)

Für die Kerzen:
etwa 100 g (14) Gebäckröllchen, z. B. Hippenröllchen
80 g Puderzucker
etwa 1 ½ EL Zitronensaft
etwas rote Speisefarbe

Außerdem:
150 g Marzipan-Rohmasse
50 g Butter (zimmerwarm)
1 TL Dr. Oetker Finesse Orangenschalen-Aroma
etwas gelbe Speisefarbe

Außerdem:
14 Dekorblumen aus Marzipan (Fertigprodukt)
2 Einweg-Spritzbeutel

1. Die Gebäckröllchen mit etwas Abstand zueinander auf ein Tablett (mit Backpapier belegt) legen.
2. Puderzucker, Zitronensaft und Speisefarbe zu einem festen Zuckerguss verrühren. In einen Spritzbeutel füllen. Eine kleine Spitze abschneiden und die Gebäckröllchen damit streifig überziehen. Zuckerguss fest werden lassen.
3. Marzipan-Rohmasse in kleine Würfel schneiden. Marzipanwürfel, Butter und Aroma in einem Rührbecher mit einem Mixer (Rührstäbe) und der gelben Speisefarbe glatt rühren.
4. Angerührte Marzipan-Butter-Masse in einen Spritzbeutel mit kleiner Sterntülle füllen.
5. Aus der Mitte der Dekorblumen eine Mulde ausstechen. Sie muss so groß sein, wie der Durchmesser der Hippenröllchen ist. (Am besten geht das mit einer großen Lochtülle, einem passenden Ausstecher oder einem kleinen Kugelausstecher). Auf einen Teller für jede Dekorblume einen Tupfen Marzipan-Butter-Masse spritzen und jeweils eine Dekorblume daraufkleben.
6. In jede Mulde etwas von der Masse spritzen. Den Teller **15 Minuten in den Kühlschrank stellen.**
7. Jeweils ein Gebäckröllchen vorsichtig in die Hand nehmen. Auf ein Ende mit der Marzipan-Butter-Masse eine kleine Spitze spritzen. Das andere Ende etwas dicker bespritzen. Mit dem dicker bespritzten Ende nach unten in die Mulden der Dekorblumen stecken. **10 Minuten in den Kühlschrank stellen.**

Chocolate Boosters

6 Stück

Zubereitungszeit: 20 Minuten, ohne Kühlzeit
Backzeit: etwa 30 Minuten

Für den Brandteig:
1 Pck. Brandteig Garant
20 g Backkakao
75 ml Milch (3,5 % Fett)
2 EL Sonnenblumenöl
2 Eier (Größe M)

Für die Füllung:
1 Pck. Mousse au Chocolat (feinherb)
250 ml Milch (3,5 % Fett)
50 g Zartbitter-Raspelschokolade

Zum Garnieren:
½ TL Backkakao

1. Den Backofen vorheizen.
Ober-/Unterhitze: 200 °C. Heißluft: 180 °C.
2. Für den Teig Brandteig Garant mit Kakao in eine Rührschüssel geben. Milch, Öl und Eier zugeben und alles mit einem Mixer (Rührstäbe) kurz auf niedrigster, dann auf höchster Stufe in 2 Minuten zu einem glatten Teig verarbeiten.
3. Den Teig in einen Spritzbeutel mit großer Lochtülle (⌀ 12–15 mm) füllen. 6 große Tupfen auf ein Backblech (30 x 40 cm, gefettet, mit Backpapier belegt) spritzen. Dabei genügend Abstand zwischen den Teigtupfen lassen. Das Backblech in den vorgeheizten Backofen schieben. Die Windbeutel **etwa 30 Minuten backen.** (Achtung: Während der ersten 20 Minuten der Backzeit die Backofentür nicht öffnen, da das Gebäck sonst zusammenfällt).
4. Für die Füllung Mousse au Chocolat nach Packungsanleitung zubereiten. Mousse **mindestens 1 Stunde in den Kühlschrank stellen.**
5. Das Backblech auf einen Kuchenrost stellen. Windbeutel vorsichtig herunternehmen und auf einem Kuchenrost (mit Backpapier belegt) etwas erkalten lassen. Von den warmen Windbeuteln mit einer Schere einen großen Deckel abschneiden. Erkalten lassen.
6. Mousse in einen Spritzbeutel mit großer Sterntülle (⌀ 12–15 mm) füllen und dekorativ auf die Unterseite der Windbeutel spritzen. Mit Raspelschokolade bestreuen. Die Deckel daraufsetzen. Kakao in ein kleines Sieb geben und die Chocolate Boosters damit bestäuben.

Tipp: Am besten gelingen die Windbeutel bei Ober- und Unterhitze.

Di-Da-Donuts!

etwa 24 Stück

Zubereitungszeit: etwa 1 Stunde, ohne Ruhe-/Gehzeit
Ausbackzeit: 3–4 Minuten je 4 Donuts

Für den Teig:
250 ml Milch (3,5 % Fett)
70 g Butter
500 g Weizenmehl
1 Pck. Dr. Oetker Trockenbackhefe
125 g Zucker
1 Pck. Dr. Oetker Vanillin-Zucker
3 Eier (Größe M)
1 Prise Salz

Außerdem:
1 ½ l Speiseöl zum Frittieren (z. B. Erdnussöl)

Zum Garnieren:
125 g helle Kuchenglasur
375 g Puderzucker
5–6 EL Zitronensaft
etwas Speisefarbe (z. B. rot, grün, gelb)
4–5 EL Gebäckschmuck (z. B. Schokostreusel, Haselnusskrokant, bunte Zuckerperlen, Zuckerherzen)

Vorsicht! Fett ist sehr heiß!

1. Für den Teig Milch erwärmen und Butter darin zerlassen. Mehl in eine Rührschüssel geben und mit der Trockenbackhefe vermischen. Restliche Zutaten hinzufügen und mit einem Mixer (Knethaken) zunächst kurz auf niedrigster, dann auf höchster Stufe in **etwa 5 Minuten** zu einem glatten Teig verarbeiten.
2. Den Teig zugedeckt so lange an einem warmen Ort gehen lassen, bis er sich sichtbar vergrößert hat, **etwa 1 Stunde.**
3. Den Teig auf einer leicht bemehlten Arbeitsfläche nochmals kurz durchkneten und etwa 7 mm dick ausrollen. Kreise (⌀ etwa 7 cm) ausstechen und mit genügend Abstand zueinander auf ein Backblech (gefettet, mit Backpapier belegt) legen. Aus der Mitte der Teiglinge einen kleinen Kreis ausstechen. Restlichen Teig ebenso verarbeiten. Donuts zugedeckt an einem warmen Ort gehen lassen, bis sie sich sichtbar vergrößert haben, **etwa 30 Minuten.**
4. In einem hohen Topf oder einer Fritteuse **das Öl auf etwa 170 °C erhitzen.** Die richtige Temperatur ist erreicht, wenn sich an einem Holzlöffelstiel, der in das Fett gehalten wird, kleine Bläschen bilden. Hinweis: Vorsicht! Fett ist sehr heiß!
5. Einen Pfannenwender kurz in das Fett halten. Dann die Donuts vorsichtig mithilfe des Pfannenwenders vom Backpapier lösen und etwa 4 Stück nacheinander in das heiße Fett gleiten lassen. Sobald die Unterseite braun wird, Donuts mithilfe einer Schaumkelle wenden. Fertige Donuts auf Küchenpapier abtropfen und erkalten lassen.
6. Zum Garnieren Kuchenglasur nach Packungsanleitung schmelzen. Puderzucker und Zitronensaft zu einem dickflüssigen Guss verrühren und in 4 Portionen einteilen. 3 Portionen mit etwas Speisefarbe einfärben.
7. Donuts mit Zuckerguss und Kuchenglasur überziehen und mit buntem Gebäckschmuck verzieren.

Chiffon Cake Muffins

12 Stück

Zubereitungszeit: 25 Minuten, ohne Abkühlzeit
Backzeit: 25 Minuten

Für den Teig:
5 Eigelb (Größe M)
1 Röhrchen Butter-Vanille-Aroma
100 ml Milch (3,5 % Fett)
70 ml Sonnenblumenöl
125 g Weizenmehl
5 Eiweiß (Größe M)
100 g Zucker

Für den Guss:
150 g Puderzucker
2–3 EL Zitronensaft

Außerdem:
1 antihaftbeschichtete Muffinform (für 12 Muffins)
1 TL Butter oder Margarine

Tipp: Damit die Chiffon Cake Muffins perfekt gelingen, sollten alle Zutaten zimmerwarm sein.

1. Für den Teig das Eigelb in eine Rührschüssel geben. Aroma und Milch hinzufügen. Die Zutaten mit einem Schneebesen sorgfältig verrühren (nicht schaumig schlagen). Sonnenblumenöl unter ständigem Rühren einfließen lassen. Nur die Böden der Mulden des Muffinbleches dünn fetten.
2. Den Backofen vorheizen. **Ober-/Unterhitze: etwa 180 °C. Heißluft: etwa 160 °C.**
3. Mehl nach und nach unter die Eigelbmasse rühren, dabei darauf achten, dass keine Klümpchen entstehen.
4. Eiweiß mit einem Mixer (Rührstäbe) auf niedrigster Stufe so lange schlagen, bis es beginnt, weiß zu werden. Auf höchster Stufe 50 g von dem Zucker unter Rühren einrieseln lassen. Anschließend den restlichen Zucker hinzugeben und den Eischnee so steif schlagen, dass ein Messerschnitt sichtbar bleibt. Der Eischnee soll stark glänzen. Eischnee vorsichtig in 2 Portionen unter den Teig heben.
5. Den Teig in die Mulden der Muffinform verteilen. Die Form auf dem Rost in den vorgeheizten Backofen schieben. Die Chiffon Cake Muffins **25 Minuten backen.**
6. Form auf einen Kuchenrost stellen. Sofort nach dem Backen einen Bogen Backpapier darauflegen. Mithilfe eines Kuchenrostes die Form vorsichtig stürzen. Die Form soll umgedreht auf dem mit Backpapier belegten Kuchenrost liegen. Chiffon Cake Muffins in der Form vollständig erkalten lassen.
7. Form wieder umdrehen. Muffins vorsichtig mithilfe eines Messers vom Rand lösen und aus den Mulden nehmen.
8. Für den Guss Puderzucker mit Zitronensaft zu einem zähflüssigen Zuckerguss verrühren. Zuckerguss in einen kleinen Gefrierbeutel geben. Eine kleine Ecke abschneiden. Chiffon Cake Muffins mit dem Guss besprenkeln.

Gefüllte, garnierte Hippen

etwa 20 Stück

Zubereitungszeit: 40 Minuten, ohne Kühlzeit
Backzeit: je Blech 5–6 Minuten

Tipp: Erst kurz vor dem Servieren die Sahne in die Hippenröllchen spritzen. Sie werden sonst weich. Die Hippenröllchen lassen sich gut schon am Vortag backen und garnieren.

Für den Teig:
120 g Weizenmehl
110 g Puderzucker
1 Pck. Dr. Oetker Vanillin-Zucker
120 g Schlagsahne
3 Tropfen Bittermandel-Aroma

Zum Garnieren:
125 g dunkle Kuchenglasur
15 g gehackte Pistazien
3 EL Kokosraspel
3 EL gehackte Haselnüsse

Für die Füllung:
200 g Schlagsahne (mind. 30 % Fett)
1 Pck. Sahnesteif

1. Für den Teig Mehl, Puderzucker und Vanillin-Zucker mischen und in eine Rührschüssel geben. Sahne und Aroma hinzugeben. Die Zutaten mit einem Mixer (Rührstäbe) zu einem glatten Teig verarbeiten. Teig zugedeckt 10 Minuten in den Kühlschrank stellen.
2. In der Zwischenzeit aus Pappe eine runde Schablone (⌀ 18 cm) schneiden. Innen einen Kreis (etwa ⌀ 14 cm) ausschneiden.
3. Den Backofen vorheizen. **Ober-/Unterhitze: etwa 200 °C. Heißluft: etwa 180 °C.**
4. Die Schablone auf die linke Seite eines Backbleches (gefettet, mit Backpapier belegt) legen und etwa einen gehäuften Teelöffel Teig in den inneren Kreis geben. Den Teig gleichmäßig dünn verstreichen, dabei auch etwas über den Rand der Schablone gehen, damit der Rand der Hippen gleichmäßig dick wird. Schablone vorsichtig abheben. Einen weiteren Teigkreis auf die rechte Seite des Backbleches geben.
5. Das Backblech in den vorgeheizten Backofen schieben. Die Hippen **5–6 Minuten backen,** bis die Ränder sich goldbraun färben. Das Backblech auf einen Kuchenrost stellen. Die Hippen schnell mithilfe eines Messers vom Backpapier lösen und sofort über den Stiel eines Holzkochlöffels aufrollen. Hippenröllchen auf einen Kuchenrost legen. Auf diese Weise nach und nach den ganzen Teig zu Hippenröllchen verarbeiten. Zwischendurch Teigreste von der Schablone entfernen.
6. Zum Garnieren die Kuchenglasur nach Packungsanleitung schmelzen. Die Schokoladenglasur in eine Tasse geben. Beide Enden der Hippenröllchen in die Schokolade tauchen. Hippenröllchen auf einen Bogen Backpapier legen und mit gehackten Pistazien, Kokosraspeln oder Haselnüssen bestreuen.
7. Vor dem Servieren für die Füllung die Sahne steif schlagen, dabei das Sahnesteif einrieseln lassen. In einen Spritzbeutel mit kleiner Lochtülle (etwa ⌀ 4 mm) geben. Die Sahne jeweils von beiden Seiten in die Hippenröllchen spritzen.

24 Stück

Mini-Blaubeer-Gugelhupfe

Zubereitungszeit: 25 Minuten, ohne Abkühlzeit
Backzeit: etwa 20 Minuten

Für den Teig:
120 g Butter (zimmerwarm)
100 g Zucker
2 Pck. Dr. Oetker Vanillin-Zucker
1 Röhrchen Butter-Vanille-Aroma
2 Eier (Größe M)
1 Eigelb (Größe M)
150 g Weizenmehl
1 gestr. TL Dr. Oetker Backin

Zum Garnieren:
125 g Kuchenglasur Zitrone
100 g Blaubeeren

Außerdem:
Mini-Gugelhupf-Form (für 24 Stück)

1. Den Backofen vorheizen. **Ober-/Unterhitze: 180 °C. Heißluft: 160 °C.**
2. Für den Teig Butter mit einem Mixer (Rührstäbe) auf höchster Stufe geschmeidig rühren. Nach und nach Zucker, Vanillin-Zucker und Aroma unterrühren. So lange rühren, bis eine gebundene Masse entstanden ist.
3. Eier nach und nach unterrühren (jedes Ei etwa ½ Minute). Eigelb unterrühren. Mehl mit Backpulver mischen und auf mittlerer Stufe kurz unterrühren.
4. Den Teig gleichmäßig in der Form (gefettet, bemehlt) verteilen. Die Form auf dem Rost in den vorgeheizten Backofen schieben. Die Mini-Gugelhupfe **etwa 20 Minuten backen.**
5. Die Form auf einen Kuchenrost stellen und die Mini-Gugelhupfe erkalten lassen.
6. Zum Garnieren Kuchenglasur nach Packungsanleitung schmelzen. Gugelhupfe vorsichtig aus der Form auf einen Bogen Backpapier stürzen. Blaubeeren in die Vertiefungen geben. Mit Kuchenglasur besprenkeln. Kuchenglasur fest werden lassen.

Matcha-Tee Madeleines

24 Stück

Zubereitungszeit: 25 Minuten, ohne Kühlzeit
Backzeit: 12–15 Minuten

Zum Vorbereiten:
30 g ungeschälte Sesamsamen

Für den Teig:
100 g Butter
2 Eier (Größe M)
100 g Zucker
50 ml Milch (3,5 % Fett)
1 TL Zitronensaft
150 g Weizenmehl
1 gestr. TL Dr. Oetker Backin
2 gestr. TL Matcha-Tee-Pulver

Außerdem:
1 Madeleines-Form
(für 12 Stück)

Zum Bestäuben
1 ½ EL Puderzucker

1. Zum Vorbereiten Sesam in einer Pfanne ohne Fett unter Wenden goldbraun rösten, auf einen Teller geben und erkalten lassen.
2. Für den Teig Butter schmelzen und lauwarm abkühlen lassen. Eier und Zucker mit einem Mixer (Rührstäbe) schaumig rühren. Milch und Zitronensaft auf mittlerer Stufe unterrühren.
3. Mehl mit Backpulver mischen und auf mittlerer Stufe kurz unter die Eiermischung rühren. Butter, Matcha-Tee-Pulver und den Sesam kurz unterrühren. Die Mischung zugedeckt **30 Minuten in den Kühlschrank stellen.**
4. Den Backofen vorheizen. **Ober-/Unterhitze: 200 °C. Heißluft: 180 °C.**
5. Die Hälfte des Teiges gleichmäßig in die Mulden der Madeleines-Form (gefettet) verteilen. Die Form auf dem Rost in den vorgeheizten Backofen schieben. Madeleines **12–15 Minuten backen.**
6. Die Form auf einen Kuchenrost stellen und etwas abkühlen lassen. Madeleines aus der Form lösen. Form säubern, gründlich abtrocknen und nochmals fetten. Restlichen Teig einfüllen und wie oben beschrieben backen.
7. Madeleines vor dem Servieren mit Puderzucker bestäuben.

Tipp: Die Madeleines zur Hälfte in flüssige weiße Kuvertüre tauchen.

KOMM.
AUF. DIE.
DUNKLE.
SEITE. WIR.
HABEN.
SCHOKO.
LADE.

Red and Black Velvet Cakes

12 Stück

Zubereitungszeit: 35 Minuten, ohne Abkühlzeit
Backzeit: etwa 25 Minuten

Für den Teig:
200 g Weizenmehl
50 g abgezogene, gem. Mandeln
2 gestr. TL Dr. Oetker Backin
15 g Backkakao
150 g Zucker
175 g Buttermilch
50 ml Sonnenblumenöl
3 Eier (Größe M)
etwas rote und schwarze Speisefarbe

Zum Garnieren :
125 g Puderzucker
2–3 EL Milch (3,5 % Fett)

Außerdem:
1 Mini-Gugelhupf-Form (für 12 Stück)
1 EL Butter oder Margarine
1 EL Weizenmehl

1. Den Backofen vorheizen. **Ober-/Unterhitze: 180 °C. Heißluft: 160 °C.**
2. Für den Teig Mehl, Mandeln, Backpulver, Kakao und Zucker in einer Rührschüssel vermischen.
3. In einer weiteren Schüssel Buttermilch, Öl und Eier mit einem Schneebesen verrühren. Die Flüssigkeit zu der Mehlmischung gießen und mit dem Mixer (Rührstäbe) auf niedrigster Stufe glatt rühren.
4. Eine Hälfte des Teiges mit roter Speisefarbe, die andere Hälfte des Teiges mit schwarzer Speisefarbe einfärben.
5. Die Form fetten und dünn mit Mehl bestäuben. (Dafür das Mehl in ein feines Sieb geben und über die gefettete Form sieben.) Überschüssiges Mehl abklopfen.
6. Je 6 Mulden mit schwarzem und mit rotem Teig befüllen. Die Form auf dem Rost in den vorgeheizten Backofen schieben. Velvet Cakes **etwa 25 Minuten backen.**
7. Die Form auf einen Kuchenrost stellen. Cakes abkühlen lassen. Anschließend die Velvet Cakes vorsichtig auf eine Platte (mit Backpapier belegt) stürzen.
8. Zum Garnieren Puderzucker mit Milch zu einem zähflüssigen Guss verrühren. Gugelhupfe mit Zuckerguss bestreichen. Guss trocknen lassen.

Mini Key Lime Pies

12 Stück

Zubereitungszeit: 1 Stunde, ohne Kühlzeit
Backzeit: etwa 20 Minuten
Grillzeit: 1–2 Minuten

Für die Böden:
100 g Butter
150 g Butterkekse mit Haferflocken

Für die Füllung:
4 Eigelb (Größe M)
397 g gezuckerte Kondensmilch (aus der Dose)
1 gestr. TL Speisestärke
100 ml frisch gepresster Limettensaft (von 4–6 Limetten)
fein abgeriebene Schale einer Bio-Limette (unbehandelt, ungewachst, heiß abgewaschen)

Für das Baiser:
3 Eiweiß (Größe M)
100 g Zucker

Außerdem:
1 Muffinform (für 12 Muffins)
12 Papierbackförmchen (mit glattem Rand)
1 EL Butter

1. Für die Böden die Kekse in einen Gefrierbeutel geben. Den Beutel fest verschließen. Kekse mit einer Teigrolle fein zerbröseln, in eine Rührschüssel geben. Butter zerlassen, zu den Bröseln in die Rührschüssel geben und gut verrühren.
2. Papierbackförmchen in die Mulden der Muffinform stellen. Keksmischung gleichmäßig in den Papierbackförmchen verteilen und mit einem Löffel zu einem Boden fest andrücken. Die Form in den Kühlschrank stellen.
3. Den Backofen vorheizen. **Ober-/Unterhitze: 180 °C. Heißluft: 160 °C.**
4. Für die Füllung Eigelb mit einem Mixer (Rührstäbe) auf höchster Stufe schaumig schlagen. Kondensmilch, Speisestärke, Limettensaft und -schale hinzugeben. Die Zutaten zu einer glatten Creme verrühren.
5. Butter zerlassen. Die Papierbackförmchen an der Innenseite dünn mit Butter bestreichen. Die Limettencreme gleichmäßig in den Förmchen verteilen.
6. Die Form auf dem Rost (mittlere Schiene) in den vorgeheizten Backofen schieben. Die Pies **etwa 20 Minuten backen.** Form auf einen Kuchenrost stellen. Pies vollständig erkalten lassen. Dann aus der Form nehmen. Das Papier entfernen. Pies **30 Minuten in den Kühlschrank stellen.**
7. Für das Baiser Eiweiß mit einem Mixer (Rührstäbe) steif schlagen, dabei den Zucker einrieseln lassen. So lange schlagen, bis der Eischnee stark glänzt. Die Pies auf ein Backblech (mit Backpapier belegt) stellen. Eischnee in einen Spritzbeutel mit großer Lochtülle (⌀ 15 mm) füllen. Jeweils einen dicken Tupfen Eischnee mit Spitze auf die Pies spritzen.
8. **Backofen zum Grillen/Überbacken einstellen.** Das Backblech unter den vorgeheizten Grill in den Backofen schieben. Der Abstand zwischen dem Grill und den Pies sollte etwa 15 cm betragen. Pies **1–2 Minuten überbacken,** bis die Spitzen des Eischnees goldbraun sind.

Schoko-Eulen

12 Stück

Zubereitungszeit: 1 Stunde, ohne Kühlzeit
Backzeit: insgesamt etwa 37 Minuten

Zum Vorbereiten für die Cookies:
60 g Butter (zimmerwarm)
60 g Zucker
1 Eigelb (Größe M)
125 g Weizenmehl
30 g Backkakao
½ gestr. TL
Dr. Oetker Backin
1 Prise Salz

Für die Muffins:
150 g Butter (zimmerwarm)
120 g Zucker
3 Eier (Größe M)
180 g Weizenmehl
1 ½ gestr. TL Backin
20 g Backkakao
1 EL Milch (3,5 % Fett)

Für die Creme:
150 g Zartbitter-Kuvertüre-Chips
100 g Butter (zimmerwarm)

Zum Garnieren:
100 g Zartbitter-Raspelschokolade
60 g Puderzucker
1 ½ TL Wasser
12 gelbe Geleebohnen

Außerdem:
1 Muffinform (für 12 Muffins)
12 Papierbackförmchen

1. Zum Vorbereiten für die Cookies Butter mit einem Mixer (Rührstäbe) auf höchster Stufe geschmeidig rühren. Zucker hinzugeben und so lange rühren, bis eine gebundene Masse entstanden ist. Eigelb unterrühren.
2. Mehl mit Kakao, Backpulver und Salz mischen. Mehlmischung mit dem Mixer (Knethaken) auf niedrigster Stufe unter die Butter-Ei-Masse arbeiten. Den Teig zu einer Kugel formen. Zwischen zwei Lagen Frischhaltefolie legen, flach drücken und auf einer leicht bemehlten Arbeitsfläche etwa 5 mm dick ausrollen. Teigplatte auf einer Platte **etwa 1 Stunde in den Kühlschrank legen.**
3. Den Backofen vorheizen. **Ober-/Unterhitze: 180 °C. Heißluft: 160 °C.**
4. Für die Muffins Butter und Zucker mit einem Mixer (Rührstäbe) auf höchster Stufe geschmeidig rühren. Die Eier nach und nach unterrühren (jedes Ei etwa ½ Minute). Mehl, Backpulver und Kakao mischen und mit der Milch auf mittlerer Stufe kurz unterrühren. Teig in die Mulden einer Muffinform (mit Papierbackförmchen ausgelegt) geben und die Form auf dem Rost in den vorgeheizten Backofen schieben. Muffins **25 Minuten backen.**
5. Form auf einen Kuchenrost stellen. Muffins erkalten lassen. Aus dem Cookieteig 24 Kreise von je etwa 4 cm Durchmesser ausstechen. Die Teigkreise auf ein Backblech (mit Backpapier belegt) legen. Das Backblech in den vorgeheizten Backofen schieben. Cookies **etwa 12 Minuten backen.**
6. Das Backblech auf einen Kuchenrost stellen. Papier von den Muffins abziehen. 24 Kuvertüre-Chips beiseitelegen. Restliche Chips in einem kleinen Topf im Wasserbad bei schwacher Hitze unter Rühren schmelzen. Abkühlen lassen. Butter geschmeidig rühren, mit der Kuvertüre zu einer glatten Creme verrühren.
7. Zum Garnieren Muffins mit der Creme bestreichen, dabei je zwei Spitzen wie Ohren formen. Mit Raspelschokolade bestreuen. Je zwei Schokokekse als Augen platzieren. Je 1 Geleebohne als Nase darauflegen. **Etwa 15 Minuten in den Kühlschrank stellen.**
8. Puderzucker mit Wasser zu einem festen Guss verrühren. Auf den Schokokeksen mit einem Teelöffel Kreise aus Zuckerguss formen. Darauf je 1 Kuvertüre-Chip geben. Einen Punkt aus Zuckerguss daraufsetzen.

Sweet Hearts

Etwa 20 Herzen

Zubereitungszeit: 45 Minuten, ohne Abkühlzeit
Backzeit: etwa 20 Minuten

Für den Teig:
250 g Butter oder Margarine (zimmerwarm)
150 g Zucker
5 Eier (Größe M)
350 g Weizenmehl
25 g Backkakao
3 gestr. TL Dr. Oetker Backin
4 EL Milch (3,5 % Fett)

Für den Zuckerguss:
375 g Puderzucker
6 EL Milch (3,5 % Fett)
einige Tropfen rote Speisefarbe

Außerdem:
herzförmige Ausstechförmchen
1 Zahnstocher

1. Den Backofen vorheizen. **Ober-/Unterhitze: etwa 180 °C. Heißluft: etwa 160 °C.**
2. Für den Teig Butter oder Margarine mit einem Mixer (Rührstäbe) auf höchster Stufe geschmeidig rühren. Nach und nach den Zucker unterrühren. So lange rühren, bis eine gebundene Masse entstanden ist.
3. Eier nach und nach unterrühren (jedes Ei etwa ½ Minute). Mehl mit Kakao und Backpulver mischen und in 2 Portionen mit der Milch auf mittlerer Stufe kurz unterrühren.
4. Den Teig auf ein Backblech (30 x 40 cm, gefettet, mit Backpapier belegt) geben und glatt streichen. Das Backblech in den vorgeheizten Backofen schieben. Den Teig **etwa 20 Minuten backen**.
5. Das Backblech auf einen Kuchenrost stellen. Den Kuchen erkalten lassen. Aus der Teigplatte (unterschiedlich große) Herzen ausstechen und auf Backpapier legen.
6. Für den Zuckerguss 250 g von dem Puderzucker mit 4 EL von der Milch zu einem festen Guss verrühren, beiseitestellen. Restlichen Puderzucker mit restlicher Milch anrühren und diesen Guss in zwei Tassen verteilen. Mit Speisefarbe zwei unterschiedliche Rottöne einfärben. Gefärbten Zuckerguss jeweils in einen kleinen Gefrierbeutel geben. Von jedem Beutel eine kleine Spitze abschneiden.
7. Herzen zunächst mit dem weißen Zuckerguss bestreichen. Den roten Zuckerguss in Tupfen gemischt auf den noch feuchten weißen Guss geben. Einen Zahnstocher durch die Kleckse ziehen und so den Guss marmorieren. Guss trocknen lassen.

Tipp: Die Herzen nicht ganz am Rand der Teigplatte ausstechen, damit sie schön saftig bleiben. Kuchenreste z. B. für Cake Pops verwenden.

Schoko-Nuss-Küchlein

10 Stück

Zubereitungszeit: 40 Minuten, ohne Abkühlzeit
Backzeit: etwa 25 Minuten

Für den Teig:
70 g Zartbitter-Kuvertüre
130 g Weizenmehl
25 g Speisestärke
4 gestr. TL Dr. Oetker Backin
120 g abgezogene, gem. Mandeln
5 Eier (Größe M)
80 ml Haselnusssirup
160 g Zucker
1 Pck. Dr. Oetker Bourbon-Vanille-Zucker
50 ml Sesamöl
200 ml Sonnenblumenöl

Zum Bestreuen und Bestäuben:
1–2 EL Zucker
1 EL Puderzucker

250 ml Bourbon-Vanille-Sauce (aus dem Kühlregal)

Außerdem:
10 Backringe (ø 7 ½ cm, etwa 6 cm hoch)

Tipp: Der Teig kann auch in Mini-Sturz-Einmachgläsern (140 ml Inhalt) gebacken werden.

1. Die Backringe (an der Innenseite gefettet) mit Zucker ausstreuen. Die Ringe mit etwas Abstand auf ein Backblech (mit Backpapier belegt) stellen.
2. Für den Teig die Kuvertüre in Stücke hacken und in einem kleinen Topf im Wasserbad bei schwacher Hitze unter Rühren schmelzen.
3. Den Backofen vorheizen. **Ober-/Unterhitze: etwa 180 °C. Heißluft: etwa 160 °C**
4. Mehl mit Speisestärke, Backpulver und Mandeln in eine Rührschüssel geben und vermischen.
5. Eier, Sirup, Zucker und Vanille-Zucker in den Mixbecher eines Standmixers geben. Mixbecher verschließen und die Mischung etwa 1 Minute auf hoher Stufe (mit dem Pürierstab: etwa 1 Minute auf hoher Stufe in einem hohen Rührbecher) schaumig mixen.
6. Sesam- und Sonnenblumenöl hinzugießen. Die Mehlmischung ebenfalls zugeben und den Mixbecher wieder verschließen. Das Ganze kurz auf niedriger Stufe oder mit der „Pulse-Stufe" (mit dem Pürierstab: die flüssige Masse in die Rührschüssel zum Mehlgemisch geben) zu einem glatten Teig mixen. Evtl. nach dem Mixen den Teig mit einem Teigschaber glatt rühren. Zwei Drittel des Teiges in den vorbereiteten Backringen verteilen.
7. Die geschmolzene Kuvertüre mit dem restlichen Teig verrühren. Den dunklen Teig auf dem hellen Teig in den Backringen verteilen.
8. Das Backblech in den vorgeheizten Backofen schieben. Die Küchlein **etwa 25 Minuten backen.**
9. Das Backblech auf einen Kuchenrost stellen. Die Küchlein etwa 5 Minuten abkühlen lassen. Dann mit einem spitzen Messer vorsichtig aus den Backringen lösen. Die Küchlein mit Puderzucker bestäuben und noch warm mit der Vanillesauce servieren.

Gefüllte Apfel-Caramel-Donuts

22 Stück

Zubereitungszeit: 55 Minuten
Backzeit : 3–4 Minuten je 4 Donuts

Für den Teig:
500 g Weizenmehl
3 ½ gestr. TL
Dr. Oetker Backin
160 g Zucker
1 Pck. Dr. Oetker
Vanillin-Zucker
1 Ei (Größe M)
1 Eigelb (Größe M)
20 g Butter (zimmerwarm)
200 g saure Sahne
1 Apfel (etwa 250 g)

Außerdem:
1 ½ l Speiseöl zum Frittieren
(z. B. Erdnussöl)

Für die Füllung:
330 g Schlagsahne
(mind. 35 % Fett
(Konditorsahne))
1 Pck. Gebäckcreme Schoko
250 g Caramel-Creme
(aus dem Glas)

Zum Garnieren:
2 ½ EL Zucker
½ gestr. TL gem. Zimt

Vorsicht! Fett ist sehr heiß!

1. Für den Teig Mehl und Backpulver in einer Rührschüssel mischen, mit Zucker, Vanillin-Zucker, Ei, Eigelb, Butter und saurer Sahne mit dem Mixer (Knethaken) kurz auf niedrigster, dann auf höchster Stufe zu einem glatten Teig verarbeiten. Apfel heiß abwaschen, abtrocknen, mit der Schale auf einer Haushaltsreibe grob raspeln. Apfelraspel auf mittlerer Stufe gründlich unter den Teig arbeiten.
2. Den Teig auf einer leicht bemehlten Arbeitsfläche nochmals kurz durchkneten und etwa 1 cm dick ausrollen. Kreise (⌀ etwa 7 cm) ausstechen, und mit etwas Abstand zueinander auf ein Backblech (gefettet, mit Backpapier belegt) legen. Aus der Mitte der Teiglinge einen kleinen Kreis ausstechen. Restlichen Teig ebenso verarbeiten. In einem hohen Topf oder einer Fritteuse **das Öl auf etwa 170 °C erhitzen.** Die richtige Temperatur ist erreicht, wenn sich an einem Holzlöffelstiel, der in das Fett gehalten wird, kleine Bläschen bilden.
3. Einen Pfannenwender kurz in das Fett halten. Dann die Donuts vorsichtig mithilfe des Pfannenwenders vom Backpapier lösen und etwa 4 Stück nacheinander in das heiße Fett gleiten lassen. Sobald die Unterseite braun wird, Donuts mithilfe einer Schaumkelle wenden. Fertige Donuts auf Küchenpapier abtropfen und erkalten lassen.
4. Für die Füllung Sahne mit Gebäckcreme nach Packungsanleitung steif schlagen. Caramel-Creme vorsichtig unterrühren. Creme in einen Spritzbeutel mit Sterntülle (⌀ 10 mm) füllen.
5. Zum Garnieren Zucker und Zimt in einer kleinen Schale mischen. Donuts waagerecht durchschneiden. Die Creme auf die untere Hälfte spritzen. Die obere Seite in den Zimt-Zucker tauchen und den Deckel auf die Cremeschicht legen.

Zuckermäuse

12 Stück

Zubereitungszeit: 40 Minuten, ohne Ruhe- und Gehzeit
Backzeit: etwa 20 Minuten

Zum Vorbereiten:
125 ml Milch (3,5 % Fett)
150 g Butter oder Margarine

Für den Hefeteig:
500 g Weizenmehl
1 Pck. Dr. Oetker Trockenbackhefe
100 g Zucker
2 Pck. Dr. Oetker Vanillin-Zucker
2 Eier (Größe M)

Für die Augen:
24 Schokotröpfchen

Zum Bestreichen und Bestreuen:
1 Eigelb
1 EL Milch
50 g Hagelzucker

1. Zum Vorbereiten Milch erwärmen und Butter oder Margarine darin zerlassen. Lauwarm abkühlen lassen. Für den Teig Mehl in eine Rührschüssel geben und mit Trockenbackhefe sorgfältig vermischen. Zucker, Vanillin-Zucker, Eier und abgekühlte Butter oder Margarine hinzugeben. Die Zutaten mit einem Mixer (Knethaken) zunächst kurz auf niedrigster, dann auf höchster Stufe in etwa 5 Minuten zu einem glatten Teig verarbeiten. Den Teig zugedeckt so lange an einem warmen Ort gehen lassen, bis er sich sichtbar vergrößert hat, **etwa 1 Stunde.**
2. Den Teig auf einer leicht bemehlten Arbeitsfläche nochmals kurz durchkneten, zu einer Rolle formen und in 13 Portionen teilen. 12 Portionen zu kleinen Tropfen formen. Nebeneinander mit etwas Abstand auf ein Backblech (gefettet, mit Backpapier belegt) legen.
3. Aus der letzten Portion eine Rolle formen und in 12 gleich große Stücke schneiden. Jedes Stück etwa 8 cm lang ausrollen und am dickeren Ende der Tropfen als Schwänzchen unter den Teigling legen. Leicht festdrücken. Teiglinge zugedeckt an einem warmen Ort nochmals gehen lassen, bis sie sich sichtbar vergrößert haben, **etwa 30 Minuten.**
4. Den Backofen vorheizen. **Ober-/Unterhitze: etwa 180 °C. Heißluft: etwa 160 °C.**
5. Für die Augen Schokotröpfchen in das dünnere Ende der Teiglinge stecken. Den Teigling an beiden Seiten über den Augen mit einer Schere einschneiden (dabei die Schere beim Schneiden etwas hochziehen) und kleine Ohren formen.
6. Eigelb mit Milch verrühren. Mäuse damit bestreichen, dann mit Hagelzucker bestreuen. Das Backblech in den vorgeheizten Backofen schieben. Die Zuckermäuse **etwa 20 Minuten backen.** Die Mäuse auf einen Kuchenrost legen und erkalten lassen.

Schoko-Erdbeer-Whoopies

9–10 Stück

Zubereitungszeit: 50 Minuten, ohne Kühlzeit
Backzeit: etwa 12 Minuten je Backblech

Für den Biskuitteig:
3 Eiweiß (Größe M)
1 Prise Salz
75 g Zucker
3 Eigelb (Größe M)
75 g Weizenmehl
2 EL Backkakao

Für die Füllung:
250 g Magerquark
75 g Schlagsahne oder
75 ml Milch (3,5 % Fett)
½ Pck. Quarkfein Erdbeer-Geschmack (Dessertpulver, 30 g)
75 g Erdbeer-Fruchtaufstrich

Tipp: Whoopies frisch genießen, da sie recht schnell durchweichen.

1. Den Backofen vorheizen. **Ober-/Unterhitze: 180 °C. Heißluft: 160 °C.**
2. Für den Teig Eiweiß und Salz mit einem Mixer (Rührstäbe) auf höchster Stufe steif schlagen, dabei den Zucker einrieseln lassen. So lange schlagen, bis der Eischnee stark glänzt. Anschließend das Eigelb unterschlagen. Mehl mit 1 Esslöffel von dem Kakao mischen, auf die Eischaummasse sieben und mit einem Schneebesen unterheben.
3. Den Biskuitteig in einen Spritzbeutel mit Lochtülle (⌀ 1–1 ½ cm) geben. 18 oder 20 runde Kleckse (⌀ etwa 7 cm) auf 2 Backbleche (gefettet, mit Backpapier belegt) spritzen. Dabei genügend Abstand zwischen den Klecksen lassen. Restlichen Kakao über die Hälfte der Whoopies sieben. Den Spritzbeutel säubern.
4. Die Backbleche nacheinander (bei Heißluft zusammen) in den vorgeheizten Backofen schieben. Die Whoopies **etwa 12 Minuten je Backblech backen.**
5. Die Backbleche auf Kuchenroste stellen. Die Whoopies auf den Backblechen erkalten lassen. Dann vorsichtig vom Backpapier lösen.
6. Für die Füllung Quark, Sahne oder Milch und Dessertpulver mit einem Schneebesen glatt rühren. Die Quarkcreme in den gesäuberten Spritzbeutel geben. Außen je einen Kreis auf die glatte Seite von den nicht mit Kakao bestäubten Whoopies spritzen. In die Mitte jeweils 1 Teelöffel Fruchtaufstrich geben. Die restlichen Whoopies mit der Wölbung nach oben daraufsetzen und leicht andrücken. Die Whoopies servieren.

Mini-Charlottes

ein klitzekleines Kuchenbuffet

6 Mini-Charlottes
je 2–3 Portionen

Zubereitungszeit: 2 Stunden, ohne Kühlzeit
Backzeit: etwa 20 Minuten

Tipp: Der Rand kann auch mit anderen Waffeln, Hippen oder Keksen dekoriert werden.

Für den Biskuitteig:
3 Eier (Größe M)
3 EL heißes Wasser
100 g Zucker
100 g Weizenmehl
2 gestr. TL Dr. Oetker Backin

Für die Füllung:
5 Blatt weiße Gelatine
240 g abgetropfte Aprikosenhälften (aus der Dose)
50 g Puderzucker
1 EL Zitronensaft
100 g Magerquark
200 g Schlagsahne (mind. 30 % Fett)

Für die Umrandungen (je 2 x die vorderen 3 Charlottes):
125 g Kuchenglasur Haselnuss
60 dünne Eiswaffelröllchen
etwa 12 Schokoriegel mit Waffelfüllung
etwa 12 Schokoladenriegel

Für das Topping:
250 ml kalte Milch (3,5 % Fett)
1 Pck. Dr. Oetker Stracciatella Crème
etwas Raspelschokolade

Außerdem:
1 Backrahmen (etwa 24 x 36 cm)
6 dünne Bändchen

1. Den Backofen vorheizen. **Ober-/Unterhitze: 180 °C. Heißluft: 160 °C.**

2. Für den Biskuitteig Eier und Wasser mit einem Mixer (Rührstäbe) auf höchster Stufe in 1 Minute schaumig schlagen. Zucker in 1 Minute einstreuen, dann noch etwa 2 Minuten schlagen. Mehl mit Backpulver mischen, die Hälfte davon auf die Eiercreme geben und kurz auf niedrigster Stufe unterrühren. Restliches Mehlgemisch ebenso unterarbeiten. Einen Backrahmen auf ein Backblech (gefettet, mit Backpapier belegt) geben. Den Teig in den Backrahmen geben und glatt streichen. Das Backblech in den vorgeheizten Backofen schieben. Den Gebäckboden **etwa 20 Minuten backen.**

3. Für die Füllung Gelatine nach Anleitung einweichen. Das Blech auf einen Kuchenrost stellen. Die Biskuitplatte erkalten lassen. Backrahmen mit einem spitzen Messer lösen und entfernen. Eine Platte mit Backpapier belegen. Biskuitplatte halbieren (sodass 2 Platten je 24 x 18 cm entstehen). Eine Hälfte auf die Platte legen. Den Backrahmen bündig darumlegen.

4. Für die Füllung Aprikosen mit einem Pürierstab pürieren, mit Puderzucker, Zitronensaft und Quark verrühren. Gelatine leicht ausdrücken und in einem Topf bei schwacher Hitze unter Rühren auflösen. Aufgelöste Gelatine zuerst mit etwa 4 Esslöffeln von der Aprikosenmasse verrühren, dann unter die restliche Masse rühren. Sahne steif schlagen und unter die Masse heben. Masse auf die untere Biskuitplatte geben, glatt streichen. Die andere Teigplatte darauflegen. Anschließend **1 ½ Stunden in den Kühlschrank stellen.**

5. Backrahmen mit einem spitzen Messer lösen und vorsichtig entfernen. Den Kuchen einmal der Länge nach durchschneiden. Beide Streifen in je 3 Stücke schneiden. Jedes Stück auf einen Teller stellen. Kuchenglasur nach Packungsanleitung schmelzen.

6. Waffelröllchen und Schokoladenriegel (schräg halbiert) mit Kuchenglasur einstreichen, an den Rand der Törtchen kleben. Kuchenglasur fest werden lassen. Vorsichtig mit den Bändchen umwickeln. Für das Topping Stracciatella Crème nach Anleitung zubereiten, in den Mini-Charlottes verteilen. **1 Stunde in den Kühlschrank stellen,** mit Raspelschokolade bestreuen.

KEEP. CALM. AND. COLOUR. YOUR. WORLD.

Kleine feine Vanille-Tarte

8 Stücke

Für eine Tarteform (ø 18 cm)

Zubereitungszeit: 25 Minuten, ohne Kühlzeit
Backzeit: 30 Minuten

Für den Teig:
75 g Weizenmehl
1 Msp. Dr. Oetker Backin
50 g Butter oder Margarine (zimmerwarm)
1 Eigelb (Größe M)
20 g Zucker
1 Prise Salz

Für die Füllung:
3 Blatt weiße Gelatine
1 EL Puderzucker
2 EL Orangensaft
200 g Sahne-Pudding Vanille-Geschmack (aus dem Kühlregal)
150 g Schlagsahne (mind. 30 % Fett)

Für den Belag:
3–4 EL vorbereitete gemischte, frische Beeren
1 EL fein geschnittene Orangenschale einer Bio-Orange (unbehandelt, ungewachst, heiß abgewaschen)

Außerdem:
300 g getrocknete Linsen oder Erbsen

Tipp:: Man kann auch 2 kleine Tartes (ø etwa 10 cm) backen (Foto).

1. Für den Teig Mehl mit Backpulver in einer Rührschüssel mischen. Butter oder Margarine, Eigelb, Zucker und Salz hinzufügen. Die Zutaten mit einem Mixer (Knethaken) zunächst kurz auf niedrigster, dann auf höchster Stufe gut durcharbeiten, auf einer leicht bemehlten Arbeitsfläche kurz zu einem Teig verkneten, in Frischhaltefolie gewickelt **etwa 30 Minuten in den Kühlschrank legen.**
2. Den Backofen vorheizen. **Ober-/Unterhitze: 180 °C. Heißluft: 160 °C.**
3. Teig zwischen zwei Lagen Frischhaltefolie ausrollen (ø 20–22 cm). Obere Lage der Folie abziehen. Teigplatte in die Tarteform (gefettet) legen. Restliche Frischhaltefolie entfernen. Teig gleichmäßig in die Form drücken. Den Teigboden mehrmals mit einer Gabel einstechen.
4. Ein Stück Backpapier rund ausschneiden (ø etwa 26 cm), auf den Teig legen, andrücken und mit den Hülsenfrüchten bis zum Rand füllen. Die Form auf dem Rost in den vorgeheizten Backofen schieben. Den Gebäckboden **etwa 30 Minuten backen.**
5. Für die Füllung Gelatine nach Packungsanleitung einweichen. Puderzucker, Orangensaft und Pudding in einer kleinen Schüssel verrühren. Die Form auf einen Kuchenrost stellen. Nach etwa 10 Minuten die Hülsenfrüchte herausnehmen. Das Backpapier abziehen. Gebäckboden in der Form erkalten lassen. Boden vorsichtig aus der Form lösen und auf einen Teller legen.
6. Gelatine leicht ausdrücken und mit 2 EL von der Puddingmasse in einen kleinen Topf geben. Bei schwacher Hitze unter Rühren auflösen. Dann die Masse unter die restliche Puddingmasse rühren. Sahne steif schlagen, unter die Puddingmasse heben. Creme auf den Boden geben und glatt streichen. Tarte **etwa 45 Minuten in den Kühlschrank stellen.** Mit Beeren und Orangenschalenstreifen belegen. Mit Puderzucker bestäuben.

Bunte Minitörtchen

8 Stück

Zubereitungszeit: 1 Stunde und 30 Minuten, ohne Kühlzeit
Backzeit: etwa 25 Minuten

Für den Teig:
250 g Marzipan-Rohmasse
80 g Butter (zimmerwarm)
60 g Zucker
1 Pck. Dr. Oetker Vanillin-Zucker
7 Eigelb (Größe M)
7 Eiweiß (Größe M)
1 Prise Salz
60 g Zucker

80 g Weizenmehl
60 g Speisestärke
1 gestr. TL Dr. Oetker Backin

Für die Füllung:
4 EL rote Johannisbeerkonfitüre (ohne Kerne)

Für die Creme:
150 g Nuss-Nougat-Creme
100 g Joghurt-Frischkäse (13 % Fett)
100 g Butter (zimmerwarm)

Zum Garnieren:
etwa 250 g bunte Schokolinsen
etwa 260 g Knusper-Dekorkugeln Schokolade
4 Fruchtgummibeeren
4 Haselnuss-Gebäckkugeln
8 schokolierte Gebäckstäbchen

1. Den Backofen vorheizen. **Ober-/Unterhitze: 180 °C. Heißluft: 160 °C.**
2. Marzipan in kleine Würfel schneiden und in eine Rührschüssel geben. Butter, Zucker und Vanillin-Zucker hinzugeben. Mit einem Mixer (Rührstäbe) zunächst auf niedrigster, dann auf höchster Stufe zu einer glatten Masse verarbeiten. Eigelb nacheinander unterrühren. Die Rührstäbe gründlich säubern.
3. Eiweiß mit Salz steif schlagen. Zucker dabei nach und nach einrieseln lassen. Eischnee auf die Marzipanmasse geben. Mehl mit Speisestärke und Backpulver mischen. Ebenfalls zur Marzipanmasse geben. Die Zutaten kurz auf mittlerer Stufe unterrühren.
4. Den Teig auf ein Backblech (30 x 40 cm, gefettet, mit Backpapier belegt) geben und glatt streichen. Das Backblech in den vorgeheizten Backofen schieben. Den Kuchen **etwa 25 Minuten backen.**
5. Das Backblech auf einen Kuchenrost stellen. Den Kuchen erkalten lassen.
6. Aus dem Kuchen 24 kleine Kreise (ø etwa 7 cm) ausstechen. 16 Kuchenkreise mit Johannisbeerkonfitüre bestreichen. Jeweils zwei bestrichene Kreise übereinander setzen. Mit den restlichen 8 Kuchenkreisen abschließen. Die Törtchen auf ein Tablett (mit Backpapier belegt) stellen.
7. Für die Creme Nuss-Nougat-Creme, Frischkäse und Butter in einer Rührschüssel mit einem Mixer (Rührstäbe) glatt rühren. Die Törtchen damit rundherum gleichmäßig bestreichen.
8. Zum Garnieren 4 der Törtchen mit Schokolinsen und 4 mit Knusper-Dekorkugeln in geraden oder diagonalen Linien verzieren. Auf die Schokolinsentörtchen eine Fruchtgummibeere, auf die Knusper-Dekorkugel-Törtchen jeweils eine Haselnuss-Gebäckkugel und zwei Gebäckstäbchen legen.

Tipp: Der Kuchen kann gut am Vortag gebacken werden. Kuchenreste können zu Cake Pops verarbeitet werden.

Feine Schokoladen-Himbeer-Tarte

12 Stücke

Zubereitungszeit: 50 Minuten, ohne Kühlzeit

Für den Boden:
75 g Butter (zimmerwarm)
75 g Vollmilch-Schokolade (etwa 30 % Kakaoanteil)
180 g Vollkorn-Butterkekse

Für den Belag:
4 Blatt weiße Gelatine
250 g Mascarpone (ital. Frischkäse)
200 g Schmand (Sauerrahm)
200 g Doppelrahm-Frischkäse
80 g Puderzucker
2 EL Zitronensaft
250 g Schlagsahne (mind. 30 % Fett)

Für das Topping:
1 Blatt weiße Gelatine
150 g frische oder TK-Himbeeren
1 EL Himbeerkonfitüre

Außerdem:
1 Einweg-Spritzbeutel

1. Für den Boden die Butter schmelzen. Schokolade in Stücke brechen und unter Rühren darin schmelzen. Kekse in einen großen Gefrierbeutel geben, den Beutel fest verschließen. Kekse mit einer Teigrolle fein zerbröseln und in eine Rührschüssel geben. Schokoladenbutter hinzugeben und alles sorgfältig vermischen.
2. Teigbrösel in eine Springform (⌀ 26 cm, mit Backpapier belegt) geben und mit einem Esslöffel zu einem Boden andrücken. Dabei einen etwa 3 cm hohen Rand formen. Den Boden **15 Minuten in den Kühlschrank stellen.**
3. Für Belag und Topping die Gelatine nach Packungsanleitung einweichen. Für den Belag Mascarpone mit Schmand, Frischkäse, Puderzucker und Zitronensaft in einer Rührschüssel mit einem Mixer (Rührstäbe) auf niedrigster Stufe zu einer glatten Creme verrühren.
4. Zunächst 4 Gelatineblätter leicht ausdrücken und mit 2 EL von der Mascarponecreme in einem kleinen Topf bei niedriger Temperatur unter Rühren auflösen. Dann die Masse unter die restliche Marscarponecreme rühren. Sahne steif schlagen und unterheben. Die Creme auf den Boden geben und glatt streichen. Tarte **mindestens 30 Minuten in den Kühlschrank stellen.**
5. Für das Topping frische Himbeeren verlesen, evtl. kurz abspülen und vorsichtig trocken tupfen. Frische oder TK-Himbeeren zunächst mit der Konfitüre fein pürieren, dann durch ein feines Sieb streichen.
6. Das letzte Gelatineblatt leicht ausdrücken und mit 2 EL von dem Himbeerpüree bei niedriger Temperatur unter Rühren in einem kleinen Topf auflösen. Die Masse unter das restliche Püree rühren. Das Püree **etwa 30 Minuten in den Kühlschrank stellen.**
7. Das leicht gelierte Himbeerpüree in einen Spritzbeutel mit kleiner Lochtülle (⌀ 4–5 mm) geben. Von der Mitte aus kreisförmig Tupfen mit etwas Abstand zueinander auf die Creme spritzen. Dabei klein beginnen und nach außen hin immer grösser werden. Einen Holzspieß kreisförmig durch die Mitte der Tupfen ziehen, sodass ein Tropfenmuster entsteht. Die Tarte nochmals **zwei Stunden in den Kühlschrank stellen.**

Mini Topsy Turvy

16 Stücke

Zubereitungszeit: 2 Stunden, ohne Kühlzeit
Backzeit: etwa 1 Stunde und 30 Minuten

Für den Teig:
300 g Butter oder Margarine (zimmerwarm)
250 g Zucker
2 Pck. Dr. Oetker Vanillin-Zucker
2 Röhrchen Zitronen-Aroma
1 Prise Salz
2 EL Zitronensaft
5 Eier (Größe M)
375 g Weizenmehl
4 gestr. TL Dr. Oetker Backin

Für die Buttercreme:
250 g Vanillepudding (aus dem Kühlregal, zimmerwarm)
1 Röhrchen Zitronen-Aroma
125 g Butter (zimmerwarm)

Außerdem:
1 (neuer) Ton-Blumentopf (ø 19 cm)
1 EL Butter oder Margarine (zimmerwarm)
6 Schaschlikspieße

Zum Garnieren:
100 g Kuchenglasur Zitrone
etwa 80 g bunte Fruchtgummi-Schnüre

Für die „Turnier-Schleifen":
je 2 Blätter grünes und gelbes Esspapier (9 x 12 cm)
je 2 grüne und 2 gelbe Fruchtschnecken

1. Den Blumentopf gründlich waschen, abtrocknen und trocknen lassen. Blumentopf einfetten. Den Boden des Topfes mit einem passend zugeschnittenen Backpapierkreis (Boden), bzw. –streifen (Rand) auskleiden.
2. Den Backofen vorheizen. **Ober-/Unterhitze: etwa 180 °C. Heißluft: etwa 160 °C.**
3. Für den Teig Butter oder Margarine mit einem Mixer (Rührstäbe) auf höchster Stufe geschmeidig rühren. Nach und nach Zucker, Vanillin-Zucker, Aroma, Salz und Zitronensaft unterrühren. So lange rühren, bis eine gebundene Masse entstanden ist. Eier nach und nach unterrühren (jedes Ei etwa ½ Minute). Mehl mit Backpulver mischen und in 2 Portionen auf mittlerer Stufe kurz unterrühren.
4. Teig in den Tontopf geben. Topf auf dem Rost (zweite Schiene von unten) in den vorgeheizten Backofen schieben. Kuchen **etwa 1 Stunde und 30 Minuten backen** (unbedingt eine Garprobe machen). Topf auf einen Kuchenrost stellen. Kuchen **30 Minuten abkühlen lassen**, stürzen und vollständig erkalten lassen.
5. Pudding mit dem Zitronen-Aroma in einer Schüssel mit einem Mixer (Rührstäbe) glatt rühren. Butter in eine Rührschüssel geben, mit dem Mixer (Rührstäbe) geschmeidig rühren. Pudding esslöffelweise unterrühren. Kuchenglasur nach Packungsanleitung schmelzen. 2 EL davon beiseitestellen.
6. Den Kuchen einmal leicht schräg durchschneiden. Aus dem unteren Kuchenteil an der hohen Seite bis zur Mitte etwas Kuchen herausschneiden. Dabei am Rand 2 cm stehen lassen. Es soll eine gerade Fläche entstehen, sodass der obere Teil „schief" daraufgesetzt werden kann.
7. Die entstandene Fläche mit Kuchenglasur bestreichen und den oberen Kuchenteil umgedreht (mit der Schnittfläche nach oben) daraufsetzen. Fest andrücken. Schaschlikspieße auf die Höhe des Kuchens kürzen und zum Stabilisieren bis zum Boden in den Kuchen stecken. Kuchen rundherum gleichmäßig mit Buttercreme bestreichen. In den Kühlschrank stellen.
8. Zum Garnieren aus einem Drittel der Schnüre eine große Schleife binden und auf den Kuchen legen. Restliche Schnüre um die Torte legen. Für die Turnierschleifen aus dem Esspapier Kreise und Streifen (Foto) schneiden. Auf den Kreisen rundherum mit der beiseitegestellten Kuchenglasur kurze Streifen befestigen, je zwei längliche Streifen am unteren Teil. Jeweils 1 Fruchtschnecke mit Kuchenglasur bestreichen und in die Mitte setzen. Vor dem Servieren die „Turnierschleifen" am Kuchen befestigen.

Blumen-törtchen

12 Stück

Zubereitungszeit: 50 Minuten, ohne Kühlzeit
Backzeit: 30–35 Minuten

Zum Vorbereiten:
abgeriebene Schale einer Bio-Orange (unbehandelt, ungewachst)
abgeriebene Schale einer Bio-Zitrone (unbehandelt, ungewachst)
400 ml Milch (3,5 % Fett)
1 Zimtstange

Für den Teig:
200 g Weizenmehl
50 g Puderzucker
1 Prise Salz
2 Eigelb (Größe M)
120 g Butter (zimmerwarm)
1 EL Wasser

Für die Füllung:
1 Pck. Dr. Oetker Gala Pudding-Pulver Sahne-Geschmack
30 g Zucker

2 Eigelb (Größe M)
1 TL Speisestärke

Außerdem:
1 Muffinform (für 12 Muffins)
12 Papierbackförmchen
1 Blumenausstecher (ø 11 cm)

1. Zum Vorbereiten von der Zitronen- und Orangenschale jeweils ½ TL beiseitelegen. Milch mit Zimtstange und restlicher Zitronen- und Orangenschale einmal aufkochen. Erkalten lassen.
2. Für den Teig Mehl mit Puderzucker in einer Rührschüssel mischen. Salz, Eigelb, restliche Zitronen- und Orangenschale, Butter und Wasser mit dem Mixer (Knethaken) erst kurz auf niedrigster, dann auf höchster Stufe gut durcharbeiten. Auf einer leicht bemehlten Arbeitsfläche kurz zu einem Teig verkneten. Teig in Frischhaltefolie gewickelt **etwa 30 Minuten in den Kühlschrank legen.**
3. Milch durch ein feines Sieb gießen. Pudding-Pulver mit Zucker und 6 EL der Milch glatt rühren. Restliche Milch zum Kochen bringen. Angerührtes Pudding-Pulver in die von der Kochstelle genommene Milch rühren. Topf wieder auf die Kochstelle stellen und unter Rühren aufkochen lassen, in eine hitzefeste Schüssel geben. Frischhaltefolie direkt auf die Oberfläche legen, damit sich keine Haut bildet.
4. Den Backofen vorheizen. **Ober-/Unterhitze: etwa 180 °C. Heißluft: etwa 160 °C.**
5. Die Muffinform (gefettet, mit Papierbackförmchen ausgelegt) in den Kühlschrank stellen. Den Teig auf leicht bemehlter Arbeitsfläche 3–4 mm dick ausrollen. Mit einem Blumenausstecher 12 Blumen ausstechen. Teigblumen vorsichtig in die Papierbackförmchen legen. Die Blütenblätter sollen etwas über den Rand reichen.
6. Den Pudding mit einem Schneebesen gut durchrühren. Eigelb und Speisestärke hinzugeben und glatt unterrühren. Puddingcreme gleichmäßig in den Teigblumen verteilen. Die Form auf dem Rost in den Backofen schieben, **30–35 Minuten backen.**
7. Form auf einen Kuchenrost stellen. Blumentörtchen in der Form erkalten lassen.

32 Stücke

Greenies

Zubereitungszeit: 30 Minuten, ohne Abkühlzeit
Backzeit: 20 Minuten

Zum Vorbereiten:
50 g gehackte Pistazien

Für den Teig:
250 g Butter (zimmerwarm)
100 g Marzipan-Rohmasse
100 g Zucker
5 Eier (Größe M)
einige Tropfen grüne Speisefarbe
200 g Weizenmehl
100 g abgezogene, gem. Mandeln
3 gestr. TL Dr. Oetker Backin
3 EL Schlagsahne

Für den Guss:
400 g Puderzucker
etwa 6 EL Kirschsaft
etwa 2 EL Zitronensaft

1. Zum Vorbereiten die Pistazien in einem Blitzhacker oder mit dem Pürierstab ganz fein hacken.
2. Den Backofen vorheizen. **Ober-/Unterhitze: etwa 180 °C. Heißluft: etwa 160 °C.**
3. Für den Teig die Butter mit einem Mixer (Rührstäbe) auf höchster Stufe geschmeidig rühren. Marzipan in kleine Würfel schneiden, dann portionsweise abwechselnd mit dem Zucker unter die Butter rühren.
4. Eier nach und nach unterrühren (jedes Ei etwa ½ Minute). So viel Speisefarbe unterrühren, bis der Teig hellgrün wird.
   Mehl mit Pistazien, Mandeln und Backpulver sorgfältig vermischen.
5. Die Mehlmischung nach und nach zusammen mit der Sahne unter den Teig rühren. Den Teig auf ein Backblech (30 x 40 cm, gefettet, mit Backpapier belegt) geben und glatt streichen. Das Backblech in den vorgeheizten Backofen schieben. Den Kuchen **20 Minuten backen.**
6. Das Backblech auf einen Kuchenrost stellen. Den Kuchen auf dem Blech erkalten lassen.
7. Für den Guss 300 g von dem Puderzucker mit Kirschsaft zu einem glatten Guss verrühren und auf den Kuchen streichen. Restlichen Puderzucker mit Zitronensaft ebenso verarbeiten, in Klecksen auf den rosa Zuckerguss geben. Mit einem Holzstäbchen ein beliebiges Muster in den Guss ziehen.
8. Den Kuchen in 8 gleich große Streifen (etwa 5 x 30 cm) schneiden. Jeden Streifen in vier kleine Stücke schneiden.

Handykuchen „Mobil Cake“

20 Stücke

Zubereitungszeit: 2 Stunden, ohne Abkühlzeit
Backzeit: etwa 25 Minuten

Für den Teig:
250 g Butter (zimmerwarm)
150 g Zucker
2 Röhrchen Zitronen-Aroma
1 Pck. Dr. Oetker Finesse Geriebene Zitronenschale
4 Eier (Größe M)
350 g Weizenmehl
3 gestr. TL Dr. Oetker Backin
3 EL Zitronensaft

Außerdem:
500 g Roll-Fondant, weiß (Internet)
200 g Roll-Fondant, schwarz
je 50 g Roll-Fondant, rot, gelb, blau und grün

Außerdem:
1 Backrahmen

1. Den Backofen vorheizen. **Ober-/Unterhitze: 180 °C. Heißluft: 160 °C.**
2. Für den Teig die Butter mit einem Mixer (Rührstäbe) auf höchster Stufe geschmeidig rühren. Zucker, Aroma und Zitronenschale hinzugeben. So lange rühren, bis eine gebundene Masse entstanden ist. Eier nach und nach unterrühren (jedes Ei etwa ½ Minute). Mehl mit Backpulver mischen und in zwei Portionen auf mittlerer Stufe kurz unterrühren. Zitronensaft unterrühren.
3. Einen Backrahmen auf ein Backblech (30 x 40 cm, gefettet, mit Backpapier belegt) stellen. Den Teig hineingeben und glatt streichen. Das Backblech in den vorgeheizten Backofen schieben. Den Gebäckboden **etwa 25 Minuten backen**.
4. Das Backblech auf einen Kuchenrost stellen. Gebäckboden erkalten lassen. Dann den Rahmen lösen und entfernen. Den Gebäckboden auf eine Platte legen. Gebäckboden mit einem scharfen Messer an den Ecken so abrunden, dass eine Smartphone-Form entsteht.
5. Zwischen zwei Lagen Frischhaltefolie weißen Roll-Fondant auf etwa 30 x 35 cm ausrollen. Kuchen damit komplett einkleiden und den Fondant glatt streichen. Überstehende Kanten abschneiden, in Frischhaltefolie wickeln und beiseitelegen.
6. Schwarzen Roll-Fondant ebenso ausrollen. Ein Rechteck von 18 x 22 cm Größe ausschneiden. Als „Display“ auf den weißen Fondant legen und andrücken. Aus dem restlichen schwarzem Fondant nun die Lautsprecherritze sowie das Kameraobjektiv formen und oberhalb des Display ansetzen. Aus dem weißen Fondant einen Bedienknopf formen und unter dem Display anbringen. Vorsichtig festdrücken. Bunten Fondant wie beschrieben etwa 2 mm dick ausrollen. 12 Quadrate von 3 x 3 cm ausschneiden. Apps und Programmsymbole formen und anbringen.

Happy Birthday Cake Cubes

16 Stücke

Zubereitungszeit: 45 Minuten, ohne Abkühlzeit
Backzeit: etwa 20 Minuten

Für den Teig:
250 g Butter (zimmerwarm)
150 g Zucker
2 Pck. Dr. Oetker Vanillin-Zucker
1 Röhrchen Butter-Vanille-Aroma
4 Eier (Größe M)
350 g Weizenmehl
3 gestr. TL Dr. Oetker Backin
3 EL Milch (3,5 % Fett)

Für die Füllung:
3–4 EL Johannisbeerkonfitüre (ohne Kerne)

Für den Zuckerguss:
250 g Puderzucker
4–5 EL Zitronensaft

Für die Schrift:
75 g Puderzucker
etwa 1 EL Zitronensaft
etwas rote Speisefarbe (aus der Tube)

Tipp:: Mit buntem Zuckerkonfetti bestreuen.

1. Den Backofen vorheizen. **Ober-/Unterhitze: 180 °C. Heißluft: 160 °C.**
2. Für den Teig die Butter mit einem Mixer (Rührstäbe) auf höchster Stufe geschmeidig rühren. Zucker, Vanillin-Zucker und Aroma unterrühren, bis eine gebundene Masse entstanden ist. Eier nach und nach unterrühren (jedes Ei etwa ½ Minute). Mehl mit Backpulver mischen und in 2 Portionen auf mittlerer Stufe mit der Milch kurz unterrühren.
3. Den Teig auf ein Backblech (30 x 40 cm, gefettet, mit Backpapier belegt) geben, glatt streichen und in den vorgeheizten Backofen schieben. Die Gebäckplatte **etwa 20 Minuten backen.** Backblech auf einen Kuchenrost stellen. Kuchen erkalten lassen.
4. Von der Gebäckplatte rundherum die Ränder etwa 1 cm breit abschneiden. Dann die Kuchenplatte in der Mitte halbieren und das Backpapier vorsichtig lösen. Eine Kuchenplatte mit Konfitüre bestreichen. Die andere darauflegen und leicht andrücken. Kuchenplatte in 16 gleich große Stücke schneiden.
5. Für den Zuckerguss Puderzucker mit 4 Esslöffeln Zitronensaft zu einem Guss verrühren. Evtl. tropfenweise so viel Zitronensaft zugeben, dass der Guss streichfähig, aber noch fest ist. Kuchenwürfel mit Zuckerguss bestreichen. Den Guss trocknen lassen.
6. Für die Schrift Puderzucker mit Zitronensaft und so viel Speisefarbe anrühren, dass der gewünschte Farbton entsteht. Den Guss in einen kleinen Gefrierbeutel geben. Eine sehr kleine Spitze abschneiden. Auf jeden Würfel dann einen Buchstaben für die Worte „HAPPY BIRTHDAY" schreiben. Die übrigen Stücke beliebig verzieren.
Auf einer Platte so zusammensetzen, dass der Glückwunsch lesbar wird.

BFF Birthday Cake

16 Stücke

Zubereitungszeit: 1 Stunde und 10 Minuten, ohne Abkühlzeit
Backzeit: je Boden etwa 25 Minuten

Für den Teig:
300 g Butter oder Margarine (zimmerwarm)
2 Pck. Dr. Oetker Vanillin-Zucker
180 g Zucker
1 Prise Salz
5 Eier (Größe M)
375 g Weizenmehl
3 gestr. TL Dr. Oetker Backin
3 EL Milch (3,5 % Fett)
100 g Zartbitter- oder Vollmilch-Raspelschokolade

Zum Garnieren:
1 EL Aprikosenkonfitüre
250 g Schlagsahne (mind. 30 % Fett)
1 Pck. Sahnesteif
100 g weiße Raspelschokolade
3–4 Pck. Haselnuss-Konfekt-Kugeln
1 Pck. Gebäckstäbchen mit weißem Schokoladenüberzug
1 Pck. Gebäckstäbchen mit dunklem Schokoladenüberzug

Außerdem:
1 Springform (Ø 22 cm)
Schokoladen- oder Kerzenzahlen

Tipp: Abgeschnittenen Kuchenteig z.B. für Cake Pops verwenden.

1. Den Backofen vorheizen. **Ober-/Unterhitze: 180 °C. Heißluft: 160 °C.**
2. Für den Teig Butter oder Margarine mit einem Mixer (Rührstäbe) auf höchster Stufe geschmeidig rühren. Vanillin-Zucker, Zucker und Salz unterrühren. So lange rühren, bis eine gebundene Masse entstanden ist. Eier nach und nach unterrühren (jedes Ei etwa ½ Minute). Mehl mit Backpulver mischen und in 2 Portionen auf mittlerer Stufe mit der Milch kurz unterrühren. Raspelschokolade unterheben.
3. Die Hälfte des Teiges in eine Springform (ø 22 cm, gefettet) geben und glatt streichen. Den Kuchen auf dem Rost in den vorgeheizten Backofen schieben und **etwa 25 Minuten backen.** Restlichen Teig zugedeckt in den Kühlschrank stellen.
4. Die Form auf einen Kuchenrost stellen. Den Kuchen abkühlen lassen. Zunächst den Rand vorsichtig lösen, dann den Kuchen aus der Form lösen und auf eine Tortenplatte legen. Springform säubern, gründlich abtrocknen, fetten und die andere Teighälfte ebenso backen und abkühlen lassen.
5. Auf einen der Kuchen einen kleinen Teller (ø etwa 16 cm) legen. Den Rand des Kuchens am Teller entlang abschneiden, sodass ein Kuchen (ø etwa 16 cm) entsteht. Boden an der Unterseite mit Aprikosenkonfitüre bestreichen und mittig auf den größeren Boden legen.
6. Sahne steif schlagen, dabei das Sahnesteif einrieseln lassen. Kuchen rundherum mit der Sahne bestreichen. Mit Raspelschokolade bestreuen.
7. Haselnuss-Konfekt-Kugeln vorsichtig halbieren. Mit der Schnittkante nach unten auf der Oberseite des Kuchens als Herz zusammensetzen. Direkt in der Mitte etwas frei lassen, damit Platz für die Zahlen ist.
8. Kurz vor dem Servieren die Gebäckstäbchen rundherum in die Torte stecken, dazwischen die restlichen Haselnuss-Konfekt-Kugeln setzen. Die Schokoladen- oder Kerzenzahlen hineinstecken.

Regenbogen-kuchen

20 Stücke

Zubereitungszeit: 45 Minuten, ohne Abkühlzeit
Backzeit: etwa 35 Minuten

Zum Vorbereiten:
300 g Möhren

Für den Teig:
5 Eier (Größe M)
150 g Zucker
1 Pck. Dr. Oetker Vanillin-Zucker
100 g Weizenmehl
3 gestr. TL Dr. Oetker Backin
300 g abgezogene, gem. Mandeln

Zum Garnieren:
250 g Puderzucker
4–5 EL Zitronensaft
100 g Kokosraspel

Lebensmittelfarbe zum Sprühen aus der Dose: rot, gelb, grün, blau, orange (Internet)
oder: siehe Tipp

1 Backrahmen
1 Stück Pappe (etwa 40 x 25 cm, als Schablone)

1. Zum Vorbereiten Möhren putzen, schälen, abspülen, abtropfen lassen und auf einer Küchenreibe fein raspeln.
2. Den Backofen vorheizen. **Ober-/Unterhitze: 180 °C. Heißluft: 160 °C.**
3. Für den Teig die Eier trennen. Eiweiß mit einem Mixer (Rührstäbe) auf höchster Stufe steif schlagen. Der Schnee muss so fest sein, dass ein Messerschnitt sichtbar bleibt. Eischnee in den Kühlschrank stellen. Eigelb mit Zucker und Vanillin-Zucker in einer Rührschüssel mit einem Mixer (Rührstäbe) auf höchster Stufe schaumig schlagen. Mehl mit Backpulver mischen und mit der Hälfte der Mandeln unterrühren. Eischnee in zwei Portionen vorsichtig unterheben. Restliche Mandeln und Möhrenraspel kurz unterrühren. Einen Backrahmen (etwa 25 x 38 cm) auf ein Backblech (mit Backpapier belegt) stellen. Teig in den Backrahmen geben und glatt streichen. Backblech in den vorgeheizten Backofen schieben. Teig **etwa 35 Minuten backen.**
4. Das Backblech auf einen Kuchenrost stellen. Kuchen erkalten lassen. Backrahmen mit einem spitzen Messer lösen und entfernen. Eine lange Seite des Kuchens zu einem Bogen schneiden.
5. Zum Garnieren Puderzucker mit Zitronensaft zu einem glatten Guss verrühren. Den Kuchen damit überziehen. Dicht mit Kokosraspeln bestreuen und leicht andrücken, damit sie festkleben. Guss trocknen lassen.
6. Größe und Form des Kuchens als Schablone aus Pappe ausschneiden. So über den Kuchen halten, dass am oberen Ende ein 3–4 cm breiter Streifen des Kuchens besprüht werden kann.
7. Dann einen äußeren roten Bogen sprühen. Pappbogen etwas herunterziehen und einen orangefarbenen Bogen sprühen. Weiter so verfahren mit Gelb, Grün und Blau. Darauf achten, dass man nicht zu weit über die anderen Farben sprüht. Am besten geht es, wenn man direkt von oben sprüht, nicht schräg.

Tipps: Der Regenbogen lässt sich auch aus farblich sortierten Schokolinsen oder Zuckerperlen legen. Oder je 20 Gramm Kokosraspel mit einigen Tropfen flüssiger Speisefarbe einfärben.

EAT. MORE. WHAT. MAKES. YOU. HAPPY.

Apple Crunchies

6 Portionen

Zubereitungszeit: 40 Minuten, ohne Abkühlzeit
Backzeit: 12–15 Minuten

Zum Vorbereiten:
4 säuerliche Äpfel
(etwa 800 g, z. B. Boskop)
Saft von ½ Bio-Zitrone
(unbehandelt, ungewachst)
60 g Zucker
evtl. etwas Wasser

Für die Streusel:
100 g Weizenmehl
50 g gem. Mandeln
75 g Zucker
100 g Butter (zimmerwarm)

Für die Sahneschicht:
1 Pck. Sahnesteif
2 EL Zucker
1 Pck. Dr. Oetker
Vanillin-Zucker
½ gestr. TL gem. Zimt
400 g Schlagsahne
(mind. 30 % Fett)

1. Zum Vorbereiten Äpfel schälen, vierteln, das Kerngehäuse herausschneiden. Äpfel in Stücke schneiden und in einen Topf geben. Zitronensaft, Zucker und evtl. etwas Wasser hinzugeben. Die Zutaten mischen. Topf mit einem Deckel verschließen und die Äpfel bei kleiner bis mittlerer Hitze **etwa 10 Minuten dünsten.** Apfelmasse abkühlen lassen. Dann mit einem Schneebesen durchrühren. Es soll ein grobstückiges Kompott entstehen.
2. Den Backofen vorheizen. **Ober-/Unterhitze: 180 °C Heißluft: 160 °C**
3. Für die Streusel Mehl, Mandeln und Zucker in einer Rührschüssel mischen. Die Butter hinzugeben. Zutaten mit einem Mixer (Rührstäbe) zu Streuseln von mittlerer Größe verarbeiten.
4. Die Streusel auf ein Backblech (gefettet, mit Backpier belegt) geben und verteilen. Das Backblech in den vorgeheizten Backofen schieben. Die Streusel **12–15 Minuten goldgelb backen.** Das Backblech auf einen Kuchenrost stellen.
5. Für die Sahneschicht Sahne steif, Zucker, Vanillin-Zucker und Zimt mischen. Sahne steif schlagen, dabei die Sahnesteifmischung einrieseln lassen.
6. Die Sahne gleichmäßig in die Gläser verteilen. Darauf jeweils eine Schicht Apfelkompott und zuletzt eine Schicht Streusel geben.

Tipps:: Soll es mal schneller gehen, einfach fertiges Apfelkompott (aus dem Glas) verwenden. Lecker schmecken die Crunchies auch mit roter Grütze (aus dem Kühlregal).

Girls best Friends

22 Stück

Zubereitungszeit: 2 Stunden

Für die „Nagellackfläschchen":
3 EL rosa Zuckerperlen
3 EL violette Zuckerkristalle
3 EL blaue Zuckerperlen
3 EL bunte Zuckerperlen
12 Mini-Schokoriegel
(etwa 25 g pro Stück)
12 kleine Lakritzstäbchen oder
60 g schwarzer Fondant

Für den Zuckerguss:
120 g Puderzucker
3–4 EL Zitronensaft

Für die „Mini-Handys":
10 Mini-Schokoriegel
(etwa 25 g pro Stück)
60 kleine bunte Schokolinsen

1 feiner Pinsel

1. Für die „Nagellackfläschchen" Zuckerperlen und Zuckerkristalle nach Sorten getrennt in kleine flache Schälchen geben.
2. Für den Zuckerguss Puderzucker in eine kleine Schüssel geben und mit dem Zitronensaft zu einem zähflüssigen Zuckerguss anrühren.
3. Die 12 Schokoriegel nacheinander rundherum mit dem Guss bestreichen. Je 3 Schokoriegel in einer Sorte Zuckerperlen bzw. -kristallen von allen Seiten wenden. Die Schokoriegel sollen rundherum mit Zuckerperlen oder -kristallen bedeckt sein. Dann zum Trocknen auf eine Platte (mit Backpapier belegt) legen.
4. Für die „Mini-Handys" die Schokoriegel mit der glatten (Unter-)Seite nach oben auf das Backpapier legen.
5. Auf jeden Schokoriegel mit kleinen Tupfen Zuckerguss 6 farblich unterschiedliche Schokolinsen kleben. Einen kleinen Kreis aus Zuckerguss als Bedienbutton darunter malen.
6. Aus dem Zuckerguss mit einem feinen Pinsel kleine Symbole auf die Schokolinsen malen (ähnlich wie Apps). Z. B. ein Telefon (kleiner Bogen), einen Briefumschlag (Rechteck mit Kreuz), Musik (Noten), eine Sonne (Wetter) oder andere beliebige Symbole. Guss trocknen lassen.
7. Die Lakritzstäbchen mit Zuckerguss als Verschlüsse auf die „Nagellackfläschchen" kleben. Oder aus schwarzem Fondant 12 kleine Quader formen und diese als Verschlüsse auf die „Nagellackfläschchen" kleben. Alles sehr gut trocknen lassen.

Frucht-Charlotte mit Macarons

8 Stücke

Zubereitungszeit: etwa 1 Stunde und 20 Minuten, ohne Kühlzeit
Trockenzeit: etwa 12 Minuten
Backzeit: 8–10 Minuten

Tipp: Besonders gut gelingen die Macarons, wenn sie mit Speisefarbenpaste (Internet) gefärbt werden.

Für die Mousse:
6 Blatt weiße Gelatine
250 g Kirschjoghurt (3,5 % Fett)
60 g Puderzucker
1 ½ EL Zitronensaft
250 g Schlagsahne (mind. 30 % Fett)

Für die Macarons:
60 g abgezogene, gem. Mandeln
80 g Puderzucker
1 Eiweiß (Größe M)
1 Prise Salz
1 Tropfen violette Speisefarbe evtl. Rot und Blau mischen)

Außerdem:
1 Schüssel, Inhalt etwa 1 l
14 Eierbiskuitplätzchen
200 g Schlagsahne (mind. 30 % Fett)
1 EL gehackte, getrocknete Kirschen
1 TL gehackte Pistazien
einige vorbereitete Blätter Minze, Melisse oder Zitronenverbene

1. Für die Mousse Gelatine nach Packungsanleitung einweichen. Kirschjoghurt mit Puderzucker und Zitronensaft glatt rühren.
2. Gelatine leicht ausdrücken und mit 2 EL von dem Joghurt in einem kleinen Topf bei schwacher Hitze unter Rühren auflösen. Unter den restlichen Joghurt rühren. Sahne steif schlagen und unter die Joghurtmasse rühren. Die Schüssel kalt ausspülen. Joghurt-Mousse einfüllen und glatt streichen. Auf die Oberfläche dicht an dicht die Eierbiskuitplätzchen (mit der glatten Seite nach oben) legen. Schüssel 2 Stunden in den Kühlschrank stellen.
3. Für die Macarons die Mandeln mit der Hälfte von dem Puderzucker in einem Blitzhacker noch feiner zerkleinern.
4. Den Backofen vorheizen. **Heißluft: 70 °C.**
5. Eiweiß und Salz mit einem Mixer (Rührstäbe) auf höchster Stufe so steif schlagen, dass ein Messerschnitt sichtbar bleibt. Nach und nach den restlichen Puderzucker unterschlagen. So lange schlagen, bis der Eischnee stark glänzt. Mandelmischung und Speisefarbe gleichmäßig vorsichtig untermischen.
6. Die Masse in einen Spritzbeutel mit Lochtülle (⌀ 1 cm) geben. 24 Tupfen (etwa 3 cm) mit genügend Abstand auf ein Backblech (gefettet, mit Backpapier belegt) spritzen. Backblech in den vorgeheizten Backofen schieben. Die Macarons zunächst **etwa 12 Minuten trocknen. Dann die Backofentemperatur auf Heißluft: 140 °C erhöhen. Macarons weitere 8–10 Minuten backen.**
7. Das Backblech auf einen Kuchenrost stellen. Macarons erkalten lassen.
8. Einen Topf mit heißem Wasser füllen. Die Schüssel vorsichtig kurz bis zum Rand in das Wasser tauchen, wieder herausnehmen. Einen größeren Teller auf den Schüsselrand legen. Das Ganze umdrehen, Mousse auf den Teller stürzen. Die Macarons an den Rand der Mousse kleben. Dabei am oberen Rand etwas überstehen lassen.
9. Sahne steif schlagen und in einen Spritzbeutel mit Sterntülle (⌀ 1 cm) geben. In die Mitte der Charlotte einen Kranz spritzen. Mit Kirschen und Pistazien bestreuen und mit Kräuterblättchen garnieren.

Cupcake Pops

24 Stück

Zubereitungszeit: 45 Minuten, ohne Kühlzeit
Backzeit: etwa 18 Minuten

Für den Teig:
100 g Butter oder Margarine (zimmerwarm)
80 g Zucker
1 Prise Salz
2 Eier (Größe M)
100 g Weizenmehl
40 g gem. Pistazien
1 gestr. TL Dr. Oetker Backin
2 EL Preiselbeer-Dessert (aus dem Glas)

Für das Topping:
200 g Nuss-Nougat, klein geschnitten
60 g Butter (zimmerwarm)
10 g gehackte Pistazien

Außerdem:
1 Muffinform (für 24 kleine Muffins)
24 kleine Papierbackförmchen
24 Cake-Pop-Stiele
1 Block Styropor

1. Den Backofen vorheizen. **Ober-/Unterhitze: 180 °C. Heißluft: 160 °C**
2. Für den Teig Butter oder Margarine, Zucker und Salz mit einem Mixer (Rührstäbe) kurz auf niedrigster, dann auf höchster Stufe in etwa 4 Minuten schaumig schlagen. Eier nach und nach unterrühren (jedes Ei etwa ½ Minute). Mehl mit Pistazien und Backpulver mischen, unterrühren. Zum Schluss die Preiselbeeren vorsichtig unterheben.
3. Den Teig in einen Gefrierbeutel geben. Eine Ecke abschneiden. Teig in die Mulden der Muffinform (mit Papierbackförmchen ausgelegt) spritzen. Die Form auf dem Rost in den vorgeheizten Backofen schieben. Die Muffins **etwa 18 Minuten backen.**
4. Die Form auf einen Kuchenrost stellen. Muffins 5 Minuten abkühlen lassen. Dann aus der Form lösen und auf einem Kuchenrost erkalten lassen.
5. Für das Topping Nougat in einem kleinen Topf im Wasserbad bei schwacher Hitze schmelzen.
6. Mit einem spitzen Messer von unten je ein Loch in die Papierförmchen der Muffins stechen. Cake-Pop-Stiele etwa 1 ½ cm tief in den Nougat tauchen, dann von unten in die Muffin Pops stecken. Die Pops mit den Stielen nach oben auf ein Tablett (mit Backpapier belegt) legen und **etwa 30 Minuten in den Kühlschrank stellen.**
7. Nougat evtl. nochmals schmelzen. Die Butter hinzugeben. Mit dem Mixer (Rührstäbe) schaumig schlagen. Nougatcreme in einen Spritzbeutel mit Sterntülle (⌀ etwa 8 mm) füllen. Muffin Pops mit den Stielen in ein Stück Styropor stecken. Mit je einem Tupfen Nougatcreme bespritzen und mit Pistazien bestreuen.
8. Cupcake Pops **nochmals 30 Minuten in den Kühlschrank stellen.**

Cherry Cheesecakes im Glas

Zubereitungszeit: 1 Stunde, ohne Kühlzeit
Backzeit: etwa 20 Minuten

6 Gläser (je etwa 300 ml)

Für den Biskuitteig:
2 Eier (Größe M)
2 EL heißes Wasser
75 g Zucker
75 g Weizenmehl
1 gestr. TL Dr. Oetker Backin

Für den Keksboden:
50 g Butter
100 g schwedische Haferkekse

Für die Füllung:
200 g Doppelrahm-Frischkäse
250 g Mascarpone (ital. Frischkäse)
60 g Zucker
3 EL Zitronensaft
2 TL abgeriebene Schale einer Bio-Zitrone (unbehandelt, ungewachst)
200 g Schlagsahne (mind. 30 % Fett)

Außerdem:
500 g Kirschgrütze (aus dem Kühlregal)
30 g Amarettini (ital. Mandelmakronen)

1 Springform (ø 24 cm)

1. Den Backofen vorheizen. **Ober-/Unterhitze: etwa 180 °C. Heißluft: etwa 160 °C.**
2. Für den Biskuitteig Eier und Wasser mit einem Mixer (Rührstäbe) auf höchster Stufe in 1 Minute schaumig schlagen. Zucker in 1 Minute einstreuen, dann noch etwa 2 Minuten schlagen. Mehl mit Backpulver mischen und auf mittlerer Stufe kurz unterrühren.
3. Teig in eine Springform, (ø 24 cm, mit Backpapier belegt) geben und glatt streichen. Die Form auf dem Rost in den vorgeheizten Backofen schieben. Den Boden **etwa 20 Minuten backen.**
4. Die Form auf einen Kuchenrost stellen und den Boden in der Form erkalten lassen. Boden mit einem Messer vom Rand lösen, aus der Form nehmen.
5. Für den Keksboden die Butter zerlassen. Haferkekse in einen Gefrierbeutel geben. Den Beutel fest verschließen. Kekse mit einer Teigrolle fein zerbröseln. Keksbrösel zur Butter geben, gut vermischen. Masse gleichmäßig in den Gläsern verteilen. Mit einem Löffel fest zu einem Boden in die Gläser drücken, dann **etwa 15 Minuten in den Kühlschrank stellen.**
6. Für die Füllung Frischkäse, Mascarpone, Zucker, Zitronensaft und -schale in einer Schüssel glatt rühren. Sahne steif schlagen und in 2 Portionen unter die Frischkäsemasse heben. Creme in einen Spritzbeutel mit Lochtülle geben.
7. Aus dem Biskuitboden 6 Kreise (ø 6–8 cm, sollen in die Gläser passen) ausstechen. In jedes Glas 1/6 der Kirschgrütze geben. Darauf eine dünne Schicht Creme spritzen. Dann je 1 Biskuitkreis auf die Creme legen. Wieder eine Schicht Kirschgrütze daraufgeben und als oberste Schicht die restliche Creme in Tupfen aufspritzen. Amarettini zerbröseln und daraufstreuen.

Fruchtauflauf „Flognarde“

6 Portionen

Zubereitungszeit: 15 Minuten
Backzeit: etwa 35 Minuten

Zum Vorbereiten:
350 ml Milch (3,5 % Fett)
1 ½ Äpfel
1 ½ Birnen

Für den Guss:
3 Eier (Größe M)
80 g Zucker
2 EL Sonnenblumenöl
70 g Weizenmehl

Außerdem:
1 TL Puderzucker

6 kleine Auflaufformen
(ø 10 cm oder 1 Auflaufform
ø 28 cm)

1. Den Backofen vorheizen.
Ober-/Unterhitze: 200 °C. Heißluft: 180 °C.
2. Zum Vorbereiten die Milch lauwarm erwärmen. Äpfel und Birnen heiß abwaschen, abtrocknen, vierteln und das Kerngehäuse entfernen. Viertel in Spalten schneiden und gleichmäßig in den Formen (gefettet, bemehlt) verteilen.
3. Für den Guss die Eier in einer Rührschüssel mit einem Mixer (Rührstäbe) schaumig schlagen. Zucker, Öl und Mehl hinzugeben und alles mit einem Schneebesen glatt rühren. Die lauwarme Milch unterrühren.
4. Die Mischung gleichmäßig über die Apfel- und Birnenspalten in die Formen gießen.
5. Die Formen auf dem Rost in den vorgeheizten Backofen schieben. Den Fruchtauflauf **etwa 35 Minuten backen.**
6. Formen auf einen Kuchenrost stellen. Den Fruchtauflauf warm oder kalt genießen. Vor dem Servieren mit Puderzucker bestäuben.

Süsse Sushi

24 Stück

Zubereitungszeit: 2 Stunden, ohne Abkühlzeit
Backzeit: etwa 1 Stunde

Tipp: Sollten sich die Weingummistreifen beim Ankleben mit Kuchenglasur lösen, einfach mit einem Zahnstocher befestigen. Ist die Glasur fest, den Zahnstocher wieder herausziehen.

Für den Rührteig:
250 g Butter oder Margarine (zimmerwarm)
180 g Zucker
1 Pck. Dr. Oetker Vanillin-Zucker
1 Prise Salz
4 Eier (Größe M)
125 g Weizenmehl
125 g Speisestärke
2 gestr. TL Dr. Oetker Backin

Zum Garnieren und Füllen:
250 g Kuchenglasur Zitrone
80 g Kokosraspel
7 grüne Fruchtgummistreifen (je 2 x 14 cm)
7 rote Fruchtgummistreifen (je 2 x 14 cm)
14 Fruchtgummistäbchen (je 2 cm lang)
21 saure Fruchtgummistäbchen
4–5 Lakritzschnecken
125 g dunkle Kuchenglasur

Außerdem:
1 Kastenform (30 x 11 cm)
1 runder Ausstecher (ø 4 cm)

1. Den Backofen vorheizen. **Ober-/Unterhitze: 180 °C. Heißluft: 160 °C.**
2. Für den Teig Butter oder Margarine mit einem Mixer (Rührstäbe) auf höchster Stufe geschmeidig rühren. Nach und nach Zucker, Vanillin-Zucker und Salz unterrühren. So lange rühren, bis eine gebundene Masse entstanden ist.
3. Eier nach und nach unterrühren (jedes Ei etwa ½ Minute). Mehl mit Speisestärke und Backpulver mischen und in 2 Portionen auf mittlerer Stufe kurz unterrühren.
4. Den Teig in eine Kastenform (30 x 11 cm, gefettet) geben und glatt streichen. Die Form auf dem Rost (unteres Drittel) in den vorgeheizten Backofen schieben. Den Kuchen **etwa 60 Minuten backen.** Form auf einen Kuchenrost stellen. Kuchen **10 Minuten abkühlen lassen**. Dann aus der Form lösen und vollständig erkalten lassen.
5. Zum Garnieren Kuchenglasur Zitrone nach Packungsanleitung schmelzen und in eine Tasse geben.
6. Den Kuchen in 14 je etwa 2 cm dicke Scheiben schneiden. Aus der Hälfte der Kuchenscheiben mit einem runden Ausstecher (ø 4 cm) je Scheibe 2 runde Taler ausstechen. Restliche Scheiben jeweils in 3 Streifen schneiden. Nach und nach die Ränder der Taler mit Kuchenglasur bestreichen und mit passend zugeschnittenen roten und grünen Fruchtgummistreifen umwickeln. Mit der Naht nach unten auf Backpapier stellen, die Glasur fest werden lassen.
7. Kuchenstreifen auf eine Gabel stecken. Rundherum zunächst mit Kuchenglasur bestreichen, dann mit Kokosraspeln bestreuen, auf Backpapier legen und die Glasur fest werden lassen.
8. In die Mitte der Taler vorsichtig ein Loch stechen. In jede Öffnung 1 Fruchtgummistäbchen stecken. Auf die mit Kokosrapel bestreuten Kuchenstücke je ein Fruchtgummistäbchen legen. Jedes „Sushi" mit einem Stück abgerollter Lakritzschnecke umwickeln. Alles wie eine Sushiplatte anrichten.
9. Kuchenglasur nach Packungsanleitung schmelzen und in einem kleinen Schälchen dazu servieren.

Mini-Himbeer Cheesecakes

12 Stück

Zubereitungszeit: 25 Minuten, ohne Kühlzeit
Backzeit: etwa 30 Minuten

Für den Boden:
154 g Doppelkakaokekse, mit Chocolate Creme gefüllt
80 g Butter

Für den Belag:
3 Eier (Größe M)
80 g Zucker
100 g Doppelrahm-Frischkäse
150 g Speisequark (20 % Fett)
2 EL Zitronensaft
1 EL Speisestärke

Für das Topping:
2 Blatt weiße Gelatine
250 g frische oder TK-Himbeeren
30 g Zucker
60 g Himbeerkonfitüre

Außerdem:
1 Muffinform (für 12 Muffins)
12 Papierbackförmchen

1. Für die Böden die Kekse vorsichtig mit einem Messer voneinander trennen. Die Creme mit dem Messerrücken abschaben und beiseitestellen. Kekse in einen großen Gefrierbeutel geben, den Beutel fest verschließen, mit einer Teigrolle fein zerbröseln und in eine Rührschüssel geben. Butter zerlassen, zu den Bröseln geben und gut vermischen.
2. Den Backofen vorheizen. **Ober-/Unterhitze: 160 °C. Heißluft: 140 °C .**
3. Den Bröselteig in die Mulden der Muffinform (mit Papierbackförmchen ausgelegt) geben und mit einem Löffel fest zu Böden andrücken.
4. Für den Belag Eier und Zucker in einen Rührbecher geben. Mit einem Mixer (Rührstäbe) zunächst auf mittlerer, dann auf höchster Stufe verrühren. Beiseitegestellte Füllung der Kekse, Frischkäse, Quark, Zitronensaft und Stärke hinzugeben und zu einer glatten Creme verrühren. Creme gleichmäßig auf den Bröselböden verteilen (die Papierbackförmchen sollen nur bis höchstens ½ cm unter den Rand gefüllt werden). Die Form auf dem Rost in den Backofen schieben, Cheesecakes **etwa 30 Minuten backen.**
5. In der Zwischenzeit für das Topping Gelatine nach Packungsanleitung einweichen. Frische Himbeeren verlesen, evtl. kurz abspülen und vorsichtig trocken tupfen. Himbeeren, Zucker und Konfitüre in einem Rührbecher mit einem Pürierstab fein pürieren.
6. Die Muffinform auf einen Kuchenrost stellen. Die Cheesecakes in der Form vollständig erkalten lassen.
7. Gelatine leicht ausdrücken und mit 2 EL von dem Himbeerpüree in einem kleinen Topf erwärmen, die Gelatine auflösen. Dann die Masse unter das restliche Himbeerpüree rühren. Himbeerpüree gleichmäßig auf dem Belag verteilen. Cheesecakes **etwa 1 Stunde in den Kühlschrank stellen.**

Bunte Blumentöpfe

8 Stück

Zubereitungszeit: 60 Minuten, ohne Kühlzeit

Für die Blumenkugeln:
70 g Butter
150 g Butterkekse
1 EL Aprikosenkonfitüre
125 g Kuchenglasur Zitrone

Für die Blumentöpfe:
4 Mini-Schokoriegel mit Kokosfüllung (je 25 g)
8 Waffelbecher
30 g Schokoladen-Rührkuchen (Fertigprodukt)
4 EL bunte Zuckerperlen (Nonpareilles)
8 Feine Dekorblüten (aus Esspapier)

Außerdem:
5 Cake-Pop-Stiele

1. Für die Blumenkugeln Butter in einem kleinen Topf bei schwacher Hitze zerlassen. Abkühlen lassen. Kekse in einen Gefrierbeutel geben, fest verschließen und mit einer Teigrolle fein zerbröseln.
2. In einer Rührschüssel Butter, Keksbrösel und Konfitüre gut verrühren. Dann mit den Händen durchkneten, bis ein glatter Teig entstanden ist. Teig zugedeckt **30 Minuten in den Kühlschrank stellen.**
3. Den Teig mithilfe einer Waage in 8 gleich große Portionen teilen. Mit den Händen jede Teigportion zu einer Kugel formen. Kugeln zugedeckt auf einen Teller (mit Klarsichtfolie belegt) legen und **30 Minuten in den Kühlschrank stellen.**
4. Kuchenglasur nach Packungsanleitung schmelzen und in eine Tasse geben. 4 von den Cake-Pop-Stielen halbieren, jeweils 2 cm tief in die Glasur tauchen. Dann sehr vorsichtig genauso tief in die Blumenkugeln stecken. Wieder in den Kühlschrank stellen.
5. Für die Blumentöpfe Schokoriegel halbieren, evtl. an den Seiten etwas abschneiden und vorsichtig in die Waffelbecher geben. Leicht andrücken. Schokoladenkuchen fein zerbröseln, auf der Schoko-Kokos-Schicht verteilen und leicht andrücken. Mit dem ganzen Cake-Pop-Stiel in der Mitte ein Loch vorformen.
6. Die Tasse mit der Kuchenglasur in etwas warmes Wasser stellen und unter Rühren nochmals erwärmen. Nacheinander die Blumenkugeln in die Glasur tauchen. Durch Drehen die Kugel rundherum mit der Glasur überziehen, abtropfen lassen. Blumenkugel über einen kleinen Teller halten. Von unten mit Zuckerperlen bestreuen. Umdrehen und obenauf eine Dekorblüte „kleben". Zum Trocknen in ein mit Zucker gefülltes Glas stellen.
7. Fertige Blumenkugeln vorsichtig in die vorbereiteten Blumentöpfe stecken.

Süsse Loempias mit Schokoladensauce

10 Stück

Zubereitungszeit: 40 Minuten, ohne Abkühlzeit
Backzeit: etwa 23 Minuten

Für die Schokoladensauce:
100 g Schlagsahne
100 g Vollmilch-Schokolade (etwa 30 % Kakaoanteil)

Für die Loempias:
250 g Yufka- oder Filoteig (rechteckig, 10 Blätter)
5 mittelgroße Bananen
100 g flüssige Butter
50 g Nuss-Nougat-Creme
50 g feingehackte, geröstete Erdnüsse (ungesalzen)

Zum Bestreichen:
1 Eiweiß

1 Eigelb
1 EL Schlagsahne

Tipp: Frisch aus dem Ofen ist der „Bananenkern" sehr heiß, darum Vorsicht!

1. Für die Schokoladensauce die Sahne in einem kleinen Topf aufkochen lassen. Den Topf von der Kochstelle nehmen. Schokolade in Stücke brechen und unter Rühren in der Sahne schmelzen lassen. Schokoladensauce unter gelegentlichem Rühren abkühlen lassen.
2. Den Backofen vorheizen. Ober-/Unterhitze: etwa 200 °C. Heißluft: etwa 180 °C.
3. Für die Loempias 4 Blätter Küchenpapier anfeuchten und auf ein sauberes Geschirrtuch legen. Die Teigblätter aus der Verpackung nehmen. Vorsichtig einmal längs und einmal quer durchschneiden, sodass Vierecke entstehen und auf das Küchenpapier legen. Mit dem überstehenden Teil des Geschirrtuches zudecken.
4. Die Bananen schälen und jede Banane in zwei gleich große Stücke schneiden. Ein Teigblatt dünn mit Butter bepinseln. Ein zweites darauflegen und ebenfalls mit Butter bepinseln. Diesen Vorgang anschließend noch zweimal wiederholen. Pro Loempia müssen 4 Teigblätter übereinanderliegen, die obere Schicht muss mit Butter bestrichen sein.
5. Ein Stück Banane mit etwa 1 TL Nuss-Nougat-Creme bestreichen. Das Bananenstück in die Mitte des bestrichenen Teigstapels legen und mit einigen gehackten Erdnüssen bestreuen. Die Teigränder seitlich darüberschlagen. Teigenden mit Eiweiß bestreichen und das Bananenstück fest einrollen. Mit der Naht nach unten auf ein Backblech (mit Backpapier belegt) legen. Die restlichen Loempias ebenso zubereiten. Rollen mit der restlichen Butter bestreichen. Das Backblech in den vorgeheizten Backofen schieben. Die Loempias etwa 18 Minuten backen.
6. In der Zwischenzeit zum Bestreichen Eigelb und Sahne verrühren. Das Backblech auf einen Kuchenrost stellen. Die Loempias mit der Eigelb-Sahne-Mischung bestreichen. Das Backblech bei gleicher Backofeneinstellung wieder in den Backofen schieben. Die Loempias weitere etwa 5 Minuten backen.
7. Das Backblech auf einen Kuchenrost stellen. Loempias warm oder kalt mit der Schokoladensauce genießen. Evtl. restliche gehackte Erdnüsse daraufstreuen.

Cake Pops in Waffeln

8 Stück

Zubereitungszeit:
45 Minuten, ohne Kühlzeit

Für den Teig:
100 g Butter
225 g Butterkekse
1–2 EL Nuss-Nougat-Creme

Für die Glasur:
100 g Kuchenglasur
(Schokolade Zitrone oder
Erdbeer)

**Zum Garnieren für je
2 Cake Pops:**
1 EL buntes Zuckerkonfetti
1 EL bunte Zuckerperlen
1 EL bunte Zuckerstreusel
1 EL Schokolinsen

Außerdem:
40 g weiße Zuckerwatte
(Fertigprodukt)
8 Eiswaffeln

1. Für den Teig Butter in einem kleinen Topf bei schwacher Hitze zerlassen. Abkühlen lassen. Kekse in einen Gefrierbeutel geben, fest verschließen und die Kekse mit einer Teigrolle fein zerbröseln.
2. In einer Rührschüssel Butter, Keksbrösel und Nuss-Nougat-Creme gut verrühren. Anschließend mit den Händen verkneten, bis ein glatter Teig entstanden ist. Den Teig zugedeckt etwa 30 Minuten in den Kühlschrank stellen.
3. Teig mithilfe einer Waage in 8 gleich große Portionen teilen und zu Kugeln formen. Teigkugeln auf einen Teller (mit Klarsichtfolie belegt) legen und 30 Minuten in den Kühlschrank stellen.
4. Kuchenglasur nach Packungsanleitung schmelzen. Zuckerwatte in einer Glasschale verteilen.
5. In jede Eiswaffel vorsichtig eine Teigkugel geben und leicht festdrücken. Cake Pops mithilfe eines Teelöffels mit Glasur überziehen und bunt garnieren.
6. Die Cake Pops in Waffeln so in die Zuckerwatte stecken, dass sie leicht an den Rand der Schüssel gelehnt werden können. Die Glasur fest werden lassen.

Tipp: Noch besser halten die Cake-Pop-Kugeln in den Eiswaffeln, wenn man den Rand der Eiswaffeln vorher in die Glasur taucht und dann erst die Teigkugeln hineindrückt. Dann einfach die Menge der Kuchenglasur auf etwa 250 g erhöhen.

Marshmallow-spieße mit Himbeerdip

12 Spieße

Zubereitungszeit: 20 Minuten, ohne Abkühlzeit
Grillzeit: etwa 1 Minute

Für den Dip:
250 g TK- oder frische Himbeeren
2 ½ EL Puderzucker

Für die Spieße:
36 weiße Marshmallows (etwa 260 g)

Außerdem:
12 kurze Bambusspieße
1 Tortenheber
1 TL Sonnenblumenöl

1. Für den Dip TK-Himbeeren auftauen lassen. Frische Himbeeren verlesen, evtl. kurz abspülen und gut abtropfen lassen. Himbeeren mit Puderzucker in einen hohen Rührbecher geben und mit einem Pürierstab fein pürieren.
2. Ein Backblech mit Alufolie belegen (die glänzende Seite nach oben). Die Folie dünn mit Öl einpinseln.
3. Jeweils 3 Marshmallows auf einen Bambusspieß stecken. Die Spieße nebeneinander mit etwas Abstand auf das Backblech legen.
4. Den Backofengrill einschalten. Das Backblech mit etwa 20 cm Abstand unter den vorgeheizten Grill schieben. Marshmallowspieße etwa 1 Minute grillen, bis sie an der oberen Seite knusprig braun karamellisiert sind.
5. Das Blech auf einen Kuchenrost stellen und die Marshmallowspieße erkalten lassen.
6. Den Tortenheber dünn mit Öl einpinseln. Dann vorsichtig unter die Spieße schieben und die Spieße von der Folie lösen. Marshmallowspieße mit dem Himbeerdip anrichten.

Tipp: Für dieses Rezept unbedingt weiße Marshmallows verwenden. Mit bunten Marshmallows gelingt es nicht.

Ratgeber

**Lies vor der Zubereitung – besser noch vor dem Einkauf – das Rezept einmal vollständig durch. So werden Arbeitsabläufe und -zusammenhänge verständlicher.
Bei allen Rezepten ist angegeben, wie viele Portionen oder Stücke das Rezept ergibt.**

Bist du unsicher, ruf einfach bei uns im Verlag an. Wir helfen dir gern. Von Montags bis Freitags erreichst du uns in der Zeit von 9.00 Uhr bis 15.00 Uhr unter der Telefonnummer 0521-520642.

Einkaufen

Wir haben darauf geachtet, dass nach Möglichkeit alle benötigten Lebensmittel in einem gut sortierten Supermarkt zu bekommen sind. In ganz wenigen Ausnahmefällen kann es sinnvoll sein, besondere Zutaten im Internet zu bestellen. Bei ausgefallenen oder eher teuren Zutaten haben wir, wo es möglich ist, Alternativen angegeben.
Es ist sinnvoll, vor dem Einkaufen zu prüfen, was an Vorräten bereits vorhanden ist.
Schreib einen Einkaufszettel, damit du an alles denkst und dir nicht mitten im Rezept auffällt, dass etwas fehlt.

Arbeitszeiten

Bei den angegebenen Zeiten handelt es sich um Anhaltswerte. Es kann, je nach Erfahrung, manchmal etwas schneller gehen oder auch mal ein wenig länger dauern.
Eine genauere Angabe der Kühl- und Abkühlzeiten ist nicht möglich, da sie u. a. von äußeren Umständen abhängen, die wir nicht kennen (z. B. Umgebungstemperatur). Plane für die Zubereitung im Zweifel etwas mehr Zeit ein, damit du entspannt ans Garnieren und Probieren gehen kannst!

Backofeneinstellung, Back- und Garzeiten

Die in den Rezepten angegebenen Backofentemperaturen, Back- und Garzeiten sind Richtwerte, die je nach individueller Hitzeleistung des Backofens über- oder unterschritten werden können. Die Temperaturangaben in diesem Buch beziehen sich auf Elektrobacköfen.

Backformen

In den Rezepten steht, welche Backbleche oder -formen in welcher Größe benötigt werden. Auch, ob das Backblech oder die Backform gefettet und/oder mit Backpapier belegt oder ausgekleidet werden soll, ist angegeben.
Für den schiefen Kuchen „Art Topsy Turvy“ auf Seite 52/53 wird ein Ton-Blumentopf benötigt. Hier bitte unbedingt einen neuen, unbenutzten Tontopf verwenden. Vor Gebrauch sehr gründlich spülen und gut trocknen lassen.

Gelatine

Beim Verarbeiten von Gelatine achte besonders darauf, die Beschreibung genau einzuhalten.

Mixer

Mixer haben unterschiedliche Vorsätze: Knethaken zum Kneten für schwere Teige. Rührstäbe für leichte Teige, wie Rühr- und Biskuitteig, für Cremes und zum Steifschlagen von Sahne oder Eiweiß. Stehen im Rezept Zeitangaben, halte dich daran, da die Gebäcke sonst evtl. nicht richtig aufgehen bzw. nach dem Backen wieder zusammenfallen.

Wasserbad

Dafür Wasser in einem kleinen Topf erhitzen. Kuvertüre oder Schokolade grob zerkleinern und in eine hitzebeständige Schüssel (gut: Edelstahl) geben. Die Schüssel soll etwas größer sein als der Durchmesser des Topfes. Die Schüssel auf das heiße Wasser stellen und Kuvertüre oder Schokolade evtl. unter Zugabe von Speiseöl oder Kokosfett unter gelegentlichem Rühren schmelzen lassen. Achtung: Es darf kein Wasser in die Kuvertüre gelangen, sonst wird sie klumpig.

Verschenken

Viele Backideen aus diesem Buch sind zum Verschenken gut geeignet. Achte beim Einpacken darauf, dass die Törtchen oder Torten den Transport gut überstehen.
Aus dickerer Pappe kann ganz einfach eine stabile, feste Unterlage hergestellt werden.

So geht's:

Passend zugeschnittene Pappe mit Geschenkpapier deiner Wahl belegen und an der Unterseite mit einem Klebestift festkleben. Dann einfach mit Frischhalte- oder Zellophanfolie überziehen und diese ebenfalls auf der Unterseite festkleben. Besonders schön sieht es aus, wenn du zwischen Papier und Folie etwas Persönliches „einarbeitest". Dafür eignen sich Fotos, hübsche Postkarten oder einfaches Konfetti. Für Musikfans ist ein altes Notenblatt schön. Selbst ein Ausschnitt aus der Tageszeitung kann für Furore sorgen. Da könntest du die Sportseite für Sportfans nehmen oder die Kulturseite für Theaterfans ...
Kleine Pappkartons lassen sich mit etwas Geschick und Geschenkpapier so verschönern, dass sie als hübsches (und sicheres) Transportmittel gut benutzt werden können.
Die Geschenke liebevoll mit dem Namen des Empfängers beschriften. Dafür kleine Pappkärtchen ausschneiden und in schöner Schrift den Namen daraufschreiben. Mit einem Locher ein sauberes Loch stanzen. Zum Schluss ein farblich passendes Bändchen einziehen. Fertig!

Abkürzungen

EL = Esslöffel
TL = Teelöffel
Msp. = Messerspitze
Pck. = Packung/Päckchen
g = Gramm
kg = Kilogramm
ml = Milliliter
l = Liter
evtl. = eventuell
geh. = gehäuft
gem. = gemahlen
ger. = gerieben
gestr. = gestrichen
TK = Tiefkühlprodukt
°C = Grad Celsius
Ø = Durchmesser

Alphabetisches Register

Kapitelregister

ENJOY.THE. LITTLE.THINGS

KOMM.AUF.DIE.DUNKLE. SEITE.WIR.HABEN. SCHOKOLADE

KEEP.CALM. AND.COLOUR. YOUR.WORLD.

EAT.MORE.WHAT. MAKES.YOU.HAPPY.

Für Fragen, Vorschläge oder Anregungen stehen dir der Verbraucherservice der Dr. Oetker Versuchsküche Telefon: 00800 71727374 Mo.–Fr. 8:00–18:00 Uhr, oder die Mitarbeiter des Dr. Oetker Verlages Telefon: +49 (0) 521 520642 Mo.–Fr. 9:00–15:00 Uhr zur Verfügung.

Oder schreib uns
Dr. Oetker Verlag KG, Am Bach 11, 33602 Bielefeld oder besuch uns online unter www.oetker-verlag.de, www.facebook.com/Dr.OetkerVerlag oder www.oetker.de.

Umwelthinweis
Dieses Buch und der Einband wurden auf FSC® -zertifiziertem, chlorfrei gebleichtem Papier gedruckt. Die Einschrumpffolie – zum Schutz vor Verschmutzung – ist aus umweltfreundlichem und recyclingfähigem PE-Material.

MIX
Papier aus verantwortungsvollen Quellen
FSC® C004592
FSC www.fsc.org

Redaktion
Carola Reich, Carola Hülshoff

Titelfoto
Thomas Diercks, Hamburg

Innenfotos
Melanie Zanin, Düsseldorf
außer: Walter Cimbal, Hamburg (S. 35)
Thomas Diercks, Hamburg (S. 88)
Anke Politt, Hamburg (S. 41, 74)

Rezeptentwicklung
Alexandra Böhme, Hamburg

Grafisches Konzept
FUCHS DESIGN, Sabine Fuchs, München

Titelgestaltung
küstenwerber, Hamburg

Satz
FUCHS DESIGN, München

Reproduktionen
Longo AG, Bozen, Italien

Druck und Bindung
Firmengruppe APPL,
aprintadruck, Wemding

ISBN: 978-3-7670-0678-2